分类考试
数学用书

——适用各专业分类考试

主 编◎吴 娟

湖南大学出版社

·长沙·

图书在版编目(CIP)数据

分类考试.数学用书/吴娟主编.—长沙:湖南
大学出版社,2023.12(2025.1重印)
ISBN 978-7-5667-3313-9

Ⅰ.①分… Ⅱ.①吴… Ⅲ.①中学教学课—职业高中
—教学参考资料 Ⅳ.①G634

中国国家版本馆CIP数据核字(2023)第254376号

分类考试-数学用书

FENLEI KAOSHI-SHUXUE YONGSHU

主　　编：吴　娟
责任编辑：金红艳
印　　装：长沙市雅捷印务有限公司
开　　本：787 mm×1092 mm　1/16　印　　张：9.75　字　　数：231千字
版　　次：2023年12月第1版　　　　　　印　　次：2025年1月第2次印刷
书　　号：ISBN 978-7-5667-3313-9
定　　价：39.80元

出 版 人：李文邦
出版发行：湖南大学出版社
社　　址：湖南·长沙·岳麓山　　邮　　编：410082
电　　话：0731-88822559(营销部),88821315(编辑室),88821006(出版部)
传　　真：0731-88822264(总编室)
网　　址：http://press.hnu.edu.cn

编 委 会

主 编 吴 娟

编 委 （排名不分先后）

吴 娟 平罗县职业教育中心（宁夏卫生学校）

李 忠 平罗县职业教育中心（宁夏卫生学校）

路海荣 平罗县职业教育中心（宁夏卫生学校）

侯 伟 平罗县职业教育中心（宁夏卫生学校）

贾梦远 平罗县职业教育中心（宁夏卫生学校）

前　　言

随着职业教育的迅速发展、职业教育理念的不断更新，为社会培养急需的生产、建设、管理、服务等一线的应用型人才，成为一线教师迫在眉睫的任务。教学是学校工作的核心，通过教学能使学生掌握知识，培养技能。教材是教学活动的基础，是知识和技能的有效载体。而将中职数学课程标准作为指导思想，以职业院校的办学特色为导向，以学生实际学情为根据，与学生的分层需求紧密结合，培养出专业技能强、基础知识扎实的全能型人才是教师们共同的目标。

本教材围绕职业教育人才培养目标，坚持"以立德树人为根本，以服务发展为宗旨，以岗位能力培养为重点"的职业教育理念，具有科学性、全面性和教学适用性。本教材系统总结了数学教材的主要章节内容，每节从基础知识、例题分析、随堂练习、分层应用四个层面进行编写，旨在培养学生的逻辑思维能力和自主学习能力。本教材具有以下特点。

1. 体现全面性和科学性。考虑职业院校学生的专业特点和师资情况，为使教师充分利用教材并达到良好的教学效果，本书编者科学合理地安排教学内容，为学生在未来接受新知识和新技术奠定良好的基础。

2. 关注学生的专业特色。中职学校的目标是为社会培养实用型人才，本教材的编写着重体现以"学生为本"的特点，针对中职学生的差异性学情、优化教学知识及习题结构，让学生获得未来工作岗位所需要的知识和思维。内容设置简单实用、高效且重点突出。每节内容都在引导师生做到"六位一体"相结合，即"素质、能力、知识"与"教、学、做"合一。

3. 让分层教学落地生根。为中职学生系统全面地夯实基础；为就业的学生适应未来的工作需要作准备；为升学的学生有针对性地提升应试能力，获得进入高职院校的资格。另外每节内容的知识小结，均设置了相应的二维码，供学生扫码复习巩固，为升学考试助力赋能。

本教材主要供中职学校各专业学生使用，也可作为参加分类考试的学生的指导用书、中职学校数学教师指导分类考试参考用书。

由于编写时间仓促，且编者能力有限，教材中的疏漏和失误恳请老师、同学和读者批评指正。

编　者
2023 年 11 月

目　　录

第一章

集合与简易逻辑

考试内容	考点呈现	题型	分值
集合	①理解元素、集合、子集、真子集、空集等概念；②会求集合的交集、并集和补集	选择题（求交集、并集、补集，子集、真子集，元素、集合等）	3分
逻辑用语	判定命题的充要条件	选择题（充分条件、必要条件、充要条件判定）	3分

考试内容 集合的关系应用及运算.

考点要求 掌握元素与集合之间的关系、集合之间的关系和集合的交、并、补运算，会用列举法和描述法两种方式表示集合，掌握简易逻辑的初步应用及分析判断.

第一节 集合的概念、表示方法与集合之间的关系

考点剖析 了解集合（包括空集）的有关概念，理解集合中元素的特性；掌握元素与集合的关系、集合之间的关系及具体运算；理解常见的数集及其表示，理解子集、真子集、补集的概念.

知识小结

一、集合的概念

1. 集合：由一些确定的对象构成的全体称为集合，简称集，一般用大写字母 A，B，C，…表示.

2. 元素：集合中的每个对象称为这个集合的元素，一般用小写字母 a，b，c，…表示. 元素的重要特性：确定性、互异性和无序性.

集合的概念、表示方法、集合的关系

二、集合的表示方法

1. 列举法：把集合里的元素一一列举出来，写在大括号里，元素之间用逗号隔开，如 $\{0, 2\}$.

2. 描述法：$\{x \mid p(x)\}$，其中 $p(x)$ 表示元素 x 具有的条件或属性，如 $\{x \mid x > 1, x \in \mathbf{N}\}$.

三、常见的集合（图 1-1）

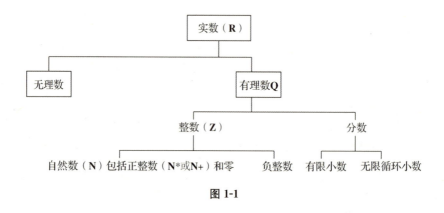

图 1-1

四、元素与集合的关系

1. 属于关系：若元素 a 是集合 A 的元素，记作 $a \in A$，读作 "a 属于 A"，如 $0 \in \{0\}$.

2. 不属于关系：若元素 a 不是集合 A 的元素，记作 $a \notin A$，读作 "a 不属于 A"，如 $0 \notin \{1\}$.

五、集合与集合的关系

1. 子集：对于两个集合 A，B，如果集合 A 中的每一个元素都是集合 B 中的元素，称集合 A 是集合 B 的子集，记作 $A \subseteq B$（或 $B \supseteq A$），读作 "A 包含于 B"（或 "B 包含 A"）.

2. 真子集：若集合 A 是集合 B 的子集，且集合 B 中至少有一个元素不属于 A，称集合 A 是集合 B 的真子集，记作 $A \subsetneqq B$（或 $B \supsetneqq A$），读作 "A 真包含于 B"（或 "B 真包含 A"），如图 1-2(a) 所示.

3. 集合相等：若集合 A 与集合 B 的元素完全相同，则称集合 A 与集合 B 相等，记作 $A = B$，如图 1-2(b) 所示.

注意：集合 A 既不是集合 B 的子集且集合 B 也不是集合 A 的子集，记作 $A \not\subset B$（或 $B \not\subset A$），读作 "A 不包含于 B"（或 "B 不包含于 A"），如图 1-2(c) 所示.

(a) $A \subsetneqq B$ 或 $B \supsetneqq A$

(b) $A = B$

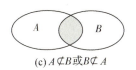
(c) $A \not\subset B$ 或 $B \not\subset A$

图 1-2

六、空集与其他集合的关系

1. 空集是任何集合的子集，空集是任何非空集合的真子集.

2. 任何集合都是它本身的子集.

典型 例题

题型 1　集合的表示法

例　已知集合 $A = \{$不大于 7 的自然数$\}$，用描述法表示 $A = $ _____，用列举法表示 $A = $ _____；大于 3 小于 7 的正整数构成的集合 B，用描述法表示 $B = $ _____，用列举法表示 $B = $ _____.

答案　$\{x \mid x \leqslant 7$，且 $x \in \mathbf{N}\}$，$\{0, 1, 2, 3, 4, 5, 6, 7\}$；$\{x \mid 3 < x < 7, x \in \mathbf{N}^*\}$，$\{4, 5, 6\}$.

【随堂练习】

1. 大于 5 小于 10 的正整数组成的集合，用列举法表示_____，用描述法表示_____.

2. 大于 -3 且小于 5 的整数组成的集合，用列举法表示_____，用描述法表示_____.

题型 2　符号的正确应用

例 1　设集合 $A = \{m \mid m > 3\}$，$x = 2$，则下列关系中正确的是(　　).

A. $x \subseteq A$　　　　　　　　　　B. $x \notin A$

C. $\{x\} \in A$　　　　　　　　　　D. $\{x\} = A$

答案　B

例 2　集合 $A = \{x \mid -1 < x \leqslant 3, x \in \mathbf{N}\}$，$B = \{1, 2, 3\}$，则下列关系正确的是(　　).

A. $A = B$　　　　　　　　　　B. $B \in A$

C. $B \subsetneqq A$　　　　　　　　　　D. $B \supsetneqq A$

答案　C

例 3　(2019 年宁夏) 下列结论正确的是(　　).

A. $\pi \in \mathbf{Q}$　　　　　　　　　　B. $3 \in \{x \mid x < -1$ 或 $x > 3\}$

C. $\sqrt{3} \in \mathbf{Z}$　　　　　　　　　　D. $\dfrac{1}{2} \in \{x \mid 2x^2 = x\}$

答案　D

【随堂练习】

1. 用恰当的符号填空.

1 ____ **R**；0 ____ **N**；π ____ **N**；$\{b\}$ ____ $\{a, b, c\}$；0 ____ $\{\varnothing\}$；$\varnothing$ ____ $\{0\}$；$(1, 2)$ ____ $\{(1, 2)\}$.

2. 若 $A=\{$长方形$\}$，$B=\{$平行四边形$\}$，则 A 与 B 的关系是 _____.

3. 若 $A=\mathbf{Z}$，$B=\mathbf{N}$，则 A 与 B 的关系是 _____.

题型 3 求集合的子集与真子集

例 1 求集合 $\{a, b\}$ 的子集和真子集.

解 集合 $\{a, b\}$ 的子集有 $\varnothing$，$\{a\}$，$\{b\}$，$\{a, b\}$；真子集有 $\varnothing$，$\{a\}$，$\{b\}$.

例 2 若集合 $\{0, 2\} \subseteqq A \subseteq \{0, 1, 2, 3\}$，求满足该条件的集合 A.

解 $A=\{0, 2, 1\}$ 或 $\{0, 2, 3\}$ 或 $\{0, 2, 3, 1\}$ 或 $\{0, 2\}$.

【锦囊妙计】若集合 A 中有 n 个元素，则 A 的子集共有 2^n 个，A 的真子集共有 2^n-1 个. 特别提醒：求某集合的子集和真子集时，要注意考虑空集和集合本身.

【随堂练习】

1. 集合 $\{a, b, c\}$ 的子集有 _____，

真子集有 _____.

2. 若集合 $\{1\} \subseteqq A \subseteq \{1, 2, 3\}$，则满足该条件的集合 A 有 _____.

题型 4 元素、集合定义的应用

例 1 设集合 $A=\{x, y\}$，$B=\{0, x^2\}$，若 $A=B$，求实数 x，y.

解 因为 $A=B$，则 $x=0$ 或 $y=0$.

(1) 当 $x=0$ 时，则 $y=x^2=0$，所以 $B=\{0, 0\}$，元素须互异，不符合题意，故舍去.

(2) 当 $y=0$ 时，则 $x=x^2$，解得 $x=0$ 或 $x=1$，由 (1) 知 $x=0$ 应舍去，而 $x=1$ 符合题意.

综上得 $x=1$，$y=0$.

例 2 已知集合 $A=\{-1, 0, 1\}$，$B=\{0, 1, 2\}$，则 $A \cup B$ 中的元素个数为( ).

A. 2   B. 3   C. 4   D. 5

答案 C

【锦囊妙计】集合相等的问题通常是利用集合中元素的确定性和互异性建立方程（组）求解，然后检验得解.

【随堂练习】

1. 集合 $A=\{x \mid -2<x\leqslant 3, x\in \mathbf{N}\}$，则下列哪个集合与它相同？( ).

A. $\{-1, 0, 1, 2, 3\}$ B. $\{1, 2, 3\}$

C. $\{0, 1, 2, 3\}$ D. $\{1, 2, 3, 4\}$

2. 已知集合 $A=\{m, m^2+1\}$，若 $1\in A$，则 m 的值是 _____.

3. 集合 $A=\{x, y\}$ 的非空真子集有 _____.

A组　基础练习

一、填空题

1. 用恰当的符号填空.

   (1) 0 ＿＿ {0}；　　　　(2) 0 ＿＿ **N**；　　　　(3) a ＿＿ {b，c}；

   (4) $\sqrt{3}$ ＿＿ **R**；　　(5) 0 ＿＿ **Q**；　　　　(6) $\varnothing$ ＿＿ {0}；

   (7) {a} ＿＿ {a，b，c}；　　　　　　(8) {1，2} ＿＿ $\varnothing$；

   (9) {1，2，3} ＿＿ {4，3，1，2}；　　(10) {1，2} ＿＿ {(1，2)}；

   (11) -1 ＿＿ **N**；　　　(12) 3.14 ＿＿ **R**；　　(13) 5.2 ＿＿ **Z**.

2. 小于 5 的实数集用描述法可表示为＿＿＿＿＿＿＿＿＿＿＿＿＿＿＿.

3. 平方等于 16 的实数用列举法可表示为＿＿＿＿＿＿＿＿＿＿＿＿.

4. 大于 -3 而小于 3 的整数集用列举法表示为＿＿＿＿＿，用描述法表示为＿＿＿＿.

5. 用另一种方法表示下列集合.

   (1) {x | $x^2=9$} ＝＿＿＿＿＿＿＿＿；

   (2) {0，1，2，3，4，5，6} ＝＿＿＿＿＿＿＿＿＿.

6. 集合 {a，2} 的子集有＿＿＿＿＿＿＿＿＿＿，其中真子集有＿＿＿＿＿＿＿＿＿＿.

二、选择题

1. 下列关系中错误的是(　　).

   A. $\varnothing \subseteq \{0\}$　　　　　　　　　　B. $0 \in \{0\}$

   C. $0 \in \varnothing$　　　　　　　　　　D. $0 \notin \varnothing$

2. 下列说法中正确的是(　　).

   A. 不胖不瘦的人能构成集合

   B. 空集是任何集合的真子集

   C. 单词 good 的字母构成的集合是 {g，o，o，d}

   D. 所有等腰三角形能构成集合

3. 下列能构成集合的有(　　).

   (1) 高三年级高个子男生；

   (2) 重庆已开通的轨道交通线路；

   (3) 2022 年足球世界杯比赛的所有参赛球队；

   (4) 大于 0 的实数.

   A. 4 个　　　　　　B. 3 个　　　　　　C. 2 个　　　　　　D. 1 个

4. 下列命题中：(1) $\varnothing = \{0\}$；(2) {1，2，3} ＝{3，2，1}；(3) 方程 $(x-1)^2(x-2)=0$ 的解集是 {1，1，2}；(4) 集合 {x | $4<x<5$} 是有限集，正确的有(　　).

   A. (1) 和 (4)　　　　　　　　　　B. (2) 和 (3)

   C. (2)　　　　　　　　　　　　　D. (3) 和 (4)

5.（2018 年宁夏）下列四个选项中能表示集合的是（　　）.

    A. 一切很大的数 　　　　　　　B. 平面内的全体几何图形

    C. 大于 -2 的实数 　　　　　　　D. 学习较好的同学

B 组　拓展练习

一、填空题

1. 用恰当的符号填空.

    1 _____ $\{1\}$，0 _____ $\varnothing$，$(0，1)$ _____ $\{(0，1)\}$，$\mathbf{N}$ _____ $\mathbf{Q}$，

    $\mathbf{N}$ _____ $\mathbf{Z}$，$\mathbf{Q}$ _____ $\mathbf{R}$.

2. 集合 $\{a，b，c\}$ 的子集有 _____ 个，真子集有 _____ 个.

3. 集合 $\{(x，y) \mid |x-y-2| + (x+y-4)^2 = 0\} = $ _____.

4. $\left\{(x，y) \,\middle|\, \begin{cases} x-y=-2, \\ x+y=4 \end{cases}\right\} = $ _____.

二、选择题

1. 下列各组集合中相等的是（　　）.

    A. $\{x \mid x^2=-1\}$ 与 $\varnothing$ 　　　　　B. $\{1，4\}$ 与 $\{(1，4)\}$

    C. $\{2，5\}$ 与 $\{(5，2)\}$ 　　　　　D. $\{x \mid 1<x<6\}$ 与 $\{2，3，4，5\}$

2. 下列各组集合中，$M=N$ 的是（　　）.

    A. $M=\{(2，1)\}$，$N=\{(1，2)\}$ 　　　　B. $M=\{1，2\}$，$N=\{2，1\}$

    C. $M=\{0\}$，$N=\varnothing$ 　　　　　　D. $M=\{(1，2)\}$，$N=\{1，2\}$

3. 下列表述正确的是（　　）.

    A. $0 \in \varnothing$ 　　　　　　　　　　B. $\varnothing \notin \{0\}$

    C. $\varnothing = 0$ 　　　　　　　　　　D. $\varnothing \subsetneqq \{0\}$

4.（2020 年宁夏）集合 $\{2，3\}$ 的全部子集有（　　）.

    A. $\{2\}$，$\{3\}$ 　　　　　　　　　B. $\{2，3\}$

    C. $\{2\}$，$\{3\}$，$\{2，3\}$ 　　　　　D. $\varnothing$，$\{2\}$，$\{3\}$，$\{2，3\}$

第二节　集合的运算

考点剖析 理解交集、并集、补集的定义；了解全集的定义，能准确地求两个集合的交集、并集以及集合的补集.

知识小结

一、交集

由既属于集合 A 又属于集合 B 的元素组成的集合称为 A 与 B 的交集，记作 $A \cap B$（如图 1-3 阴影部分），即 $A \cap B = \{x \mid x \in A \text{ 且 } x \in B\}$.

集合的运算

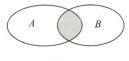

图 1-3

其主要性质有：

(1) $A \cap B = B \cap A$；　　(2) $A \cap A = A$；　　(3) $A \cap \varnothing = \varnothing$.

二、并集

由属于集合 A 或属于集合 B 的所有元素组成的集合称为 A 与 B 的并集，记作 $A \cup B$（如图 1-4 阴影部分），即 $A \cup B = \{x \mid x \in A \text{ 或 } x \in B\}$.

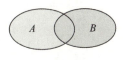

图 1-4

其主要性质有：

(1) $A \cup B = B \cup A$；　　(2) $A \cup A = A$；　　(3) $A \cup \varnothing = A$.

注意：若 $A \subseteq B$，则 $A \cap B = A$，$A \cup B = B$.

三、全集

一般地，如果一个集合含有研究问题中涉及的所有元素，那么就称这个集合为全集，通常记为 U 或 I.

四、补集

设 U 是全集，且 A 是 U 的一个子集，由 U 中所有不属于 A 的元素组成的集合，称为集合 A 在 U 中的补集（如图 1-5 阴影部分），记作 $\complement_U A$，即 $\complement_U A = \{x \mid x \in U \text{ 且 } x \notin A\}$.

图 1-5

其主要性质有：

(1) $A \cap \complement_U A = \varnothing$；(2) $A \cup \complement_U A = U$；(3) $\complement_U (\complement_U A) = A$.

典型 例题

题型 1 求交集

例 1 已知集合 $A = \{2, 3, 4\}$，$B = \{3, 4, 5\}$，则 $A \cap B = ($ 　　$)$.

A. $\{0, 2, 5\}$ 　　　　　　　　B. $\{3, 4\}$

C. $\{2, 5\}$ 　　　　　　　　D. $\{2, 3, 4, 5\}$

答案 B

例 2 已知集合 $A = \{1, 2, 3, 4\}$，$B = \{x \mid x \leqslant 3, x \in \mathbf{N}\}$，则 $A \cap B = ($ 　　$)$.

A. $\{1, 4\}$ 　　　　　　　　B. $\{2, 3\}$

C. $\{9, 16\}$ 　　　　　　　　D. $\{1, 2, 3\}$

答案 D

【分析】 考查交集的定义.

例 3 已知集合 $A = \{x \mid 3 \leqslant x < 7\}$，$B = \{x \mid 2 < x < 10\}$，求 $A \cap B$.

解 $A \cap B = \{x \mid 3 \leqslant x < 7 \text{ 且 } 2 < x < 10\} = \{x \mid 3 \leqslant x < 7\}$.

【随堂练习】

1. 若集合 $A = \{a, b, d\}$，集合 $B = \{b, c, d\}$，则 $A \cap B = $ _____.

2. 若集合 $A = \{x \mid 2 \leqslant x < 4\}$，集合 $B = \{x \mid x \geqslant 3\}$，则 $A \cap B = $ _____.

3. 若集合 $A = \{(x, y) \mid 2x - y = 3\}$，集合 $B = \{(x, y) \mid x + y = 9\}$，则 $A \cap B = $
_____.

题型 2 求并集

例 1 （2021 年宁夏）设集合 $M = \{a, b, c, d\}$，$N = \{a, b, c\}$，则 $M \cup N = ($ 　　$)$.

A. $\{a, b, c\}$ 　　　　　　　　B. $\{a, b, c, d\}$

C. $\{d\}$ 　　　　　　　　D. $\varnothing$

答案 B

例 2 设集合 $A=\{x \mid -5 \leqslant x < 1\}$，$B=\{x \mid x \leqslant 2\}$，则 $A \cup B =$（ ）.

A. $\{x \mid -5 \leqslant x < 1\}$ B. $\{x \mid -5 \leqslant x \leqslant 2\}$

C. $\{x \mid x < 1\}$ D. $\{x \mid x \leqslant 2\}$

答案 D

例 3 已知集合 $A=\{x \mid -1 < x < 2\}$，$B=\{x \mid 1 < x < 3\}$，求 $A \cup B$.

解 $A \cup B = \{x \mid -1 < x < 2$ 或 $1 < x < 3\} = \{x \mid -1 < x < 3\}$.

【随堂练习】

1. 已知集合 $A=\{4, 5, 6, 8\}$，$B=\{3, 5, 7, 8\}$，则 $A \cup B =$ _____.

2. 已知集合 $A=\{x \mid -7 < x < 2\}$，$B=\{x \mid -1 < x < 3\}$，则 $A \cup B =$ _____.

3. 已知集合 $A=\{x \mid -5 < x < 1\}$，$B=\{x \mid x > -2\}$，则 $A \cup B =$ _____.

题型 3 求补集

例 1 设全集 $U=\{0, 1, 2, 3, 4\}$，$A=\{1, 3\}$，则 $\complement_U A =$（ ）.

A. $\{0\}$ B. $\{2, 4\}$

C. $\{0, 1, 3\}$ D. $\{0, 2, 4\}$

答案 D

【分析】 考查补集的定义.

例 2 已知全集 $U=\mathbf{R}$，集合 $A=\{x \mid x+1 < 0\}$，求 $\complement_U A$.

解 $\complement_U A = \{x \mid x \geqslant -1\}$.

例 3 已知全集 $U=\{x \mid x$ 是小于 9 的正整数$\}$，集合 $A=\{1, 2, 3\}$，求 $\complement_U A$.

解 根据题意可知，$U=\{1, 2, 3, 4, 5, 6, 7, 8\}$，所以 $\complement_U A = \{4, 5, 6, 7, 8\}$.

【随堂练习】

1. 设全集 $U=\{1, 2, 3, 4\}$，$A=\{2, 3\}$，则 $\complement_U A =$ _____.

2. 已知全集 $U=\mathbf{R}$，集合 $A=\{x \mid x < 3\}$，则 $\complement_U A =$ _____.

题型 4 交集、并集、补集的综合应用

例 1 设全集 $U=\{x \mid x \in \mathbf{N}$ 且 $x < 7\}$，集合 $A=\{2, 4, 7\}$，$B=\{1, 2, 3\}$，则 $A \cap \complement_U B =$ _____.

解 由已知 $U=\{0, 1, 2, 3, 4, 5, 6\}$，$A=\{2, 4, 7\}$，$\complement_U B=\{0, 4, 5, 6\}$，所以 $A \cap \complement_U B = \{4\}$.

例 2 已知 $A=\{(x, y) \mid 2x+3y=8\}$，$B=\{(x, y) \mid 3x-2y=-1\}$，求 $A \cap B$.

解 由题意得 $\begin{cases} 2x+3y=8, \\ 3x-2y=-1, \end{cases}$ 解得 $\begin{cases} x=1, \\ y=2, \end{cases}$ 所以 $A \cap B = \{(1, 2)\}$.

特别强调：$\{1, 2\}$，$\{(1, 2)\}$，$\{(2, 1)\}$ 是 3 个不同的集合，上述结果也可表示为 $A \cap B = \{(x, y) \mid x=1, y=2\}$.

【随堂练习】

1. 设集合 $A=\{x \mid 2 < x < 4\}$，$B=\{x \mid 3x-7=8-2x\}$，则 $A \cup B =$ _____，$A \cap B =$ _____.

2. 已知 $A=\{(x, y) \mid x+3y=7\}$，$B=\{(x, y) \mid x-y=-1\}$，则 $A \cap B =$ _____.

A组 基础练习

一、填空题

1. 设 $A=\{1,\ 2,\ 3\}$，$B=\{-1,\ 0,\ 1\}$，则 $A\cap B=$ _____ .

2. 设集合 $A=\{a,\ b,\ d\}$，$B=\{b,\ c\}$，则 $A\cup B=$ _____ .

3. 已知集合 $M=\{a,\ b,\ c\}$，$N=\{b,\ c,\ e\}$，则 $M\cup N=$ _____ .

4. 设集合 $A=\{$自然数$\}$，$B=\{x\mid -20<x<3\}$，则 $A\cap B=$ _____ .

5. 已知集合 $A=\{x\mid -3<x<2\}$，$B=\{x\mid x>1\}$，则 $A\cap B=$ _____ ，$A\cup B=$ _____ .

6. 设集合 $A=\{(x,\ y)\mid 2x-y=3\}$，$B=\{(x,\ y)\mid 2x+y=5\}$，则 $A\cap B=$ _____ _____ .

二、选择题

1. 已知集合 $A=\{0,\ 1\}$，$B=\{1,\ 2\}$，则 $A\cup B=$（　　）.
   A. $\{1\}$ 　　　　　　　　　　　 B. $\{0,\ 1\}$
   C. $\{1,\ 2\}$ 　　　　　　　　　 D. $\{0,\ 1,\ 2\}$

2. 已知集合 $A=\{2,\ 3\}$，$B=\{3,\ 4\}$，则 $A\cap B=$（　　）.
   A. $\{2,\ 3\}$ 　　　　　　　　　 B. $\{3\}$
   C. $\{3,\ 4\}$ 　　　　　　　　　 D. $\{2,\ 3,\ 4\}$

3. 已知集合 $A=\{a,\ b\}$，$B=\{b,\ c\}$，则 $A\cap B=$（　　）.
   A. $\{a,\ b\}$ 　　　　　　　　　 B. $\{b,\ c\}$
   C. $\{b\}$ 　　　　　　　　　　　 D. $\{a,\ b,\ c\}$

4. 已知集合 $M=\{a,\ b\}$，$N=\{b,\ c,\ d\}$，则 $M\cup N=$（　　）.
   A. $\{b\}$ 　　　　　　　　　　　 B. $\{a,\ c,\ d\}$
   C. $\{a,\ b,\ c\}$ 　　　　　　　 D. $\{a,\ b,\ c,\ d\}$

5. 已知集合 $M=\{2,\ 3,\ 4\}$，$N=\{2,\ 4,\ 6,\ 8\}$，则 $M\cup N=$（　　）.
   A. $\{2\}$ 　　　　　　　　　　　 B. $\{2,\ 4\}$
   C. $\{2,\ 3,\ 4,\ 6,\ 8\}$ 　　　 D. $\{3,\ 6,\ 8\}$

6. 设集合 $M=\{x\mid x\geqslant 3\}$，$N=\{x\mid x<5\}$，则 $M\cap N=$（　　）.
   A. $\mathbf{R}$ 　　　　　　　　　 B. $\varnothing$
   C. $\{x\mid 3\leqslant x\leqslant 5\}$ 　 D. $\{x\mid 3\leqslant x<5\}$

7. 设集合 $A=\{x\mid -3<x<2\}$，$B=\{x\mid 1<x<4\}$，则 $A\cup B=$（　　）.
   A. $\{x\mid 1<x<2\}$ 　　　　　 B. $\{x\mid -3<x<4\}$
   C. $\{x\mid -3<x<1\}$ 　　　　 D. $\{x\mid 2<x<4\}$

8. 已知集合 $A=\{0,\ 1\}$，$B=\{0,\ 2\}$，则 $A\cup B=$（　　）.
   A. $\varnothing$ 　　　　 B. $\{0\}$ 　　　　 C. $\{1,\ 2\}$ 　　　　 D. $\{0,\ 1,\ 2\}$

B组 / 拓展练习

一、填空题

1. 已知全集 $U=\{a,\ b,\ c,\ d,\ e\}$，集合 $A=\{a,\ b,\ d\}$，$B=\{a,\ c\}$，那么 $\complement_U(A\cap B)=$ _____．

2. 已知集合 $A=\{x\mid x<2\}$，$B=\{x\mid x>-1\}$，则 $A\cap B=$ _____，那么 $A\cup B=$ _____．

3. 已知全集 $U=\{-3,\ -2,\ -1,\ 0,\ 1,\ 2\}$，$A=\{-2,\ 2\}$，则 $\complement_U A=$ _____．

4. 设全集 $U=\{n\mid n\in \mathbf{N}$ 且 $n<5\}$，$A=\{1,\ 3\}$，$B=\{2,\ 4\}$，则 $\complement_U(A\cup B)=$ _____．

二、选择题

1. 设全集 $U=\{a,\ b,\ c,\ d,\ e\}$，集合 $A=\{a,\ b,\ d\}$，$B=\{b,\ d\}$，则 $A\cap \complement_U B=$（　　）．
   A. $\{c,\ e\}$　　　　　　　B. $\{b,\ c,\ d\}$
   C. $\{b,\ d\}$　　　　　　　D. $\{a\}$

2. 设全集 $U=\{0,\ 1,\ 2,\ 3,\ 4\}$，集合 $A=\{2,\ 3\}$，$B=\{2,\ 3,\ 4\}$，则 $\complement_U A\cup B=$（　　）．
   A. $\{0\}$　　　　　　　　　B. $\{0,\ 1\}$
   C. $\{2,\ 3,\ 4\}$　　　　　D. $\{0,\ 1,\ 2,\ 3,\ 4\}$

3. 设全集 $U=\{$不大于 6 的正整数$\}$，集合 $A=\{3,\ 4,\ 6\}$，$B=\{3,\ 4,\ 5\}$，则 $\complement_U(A\cap B)$ $=$（　　）．
   A. $\{0,\ 1,\ 2,\ 5,\ 6\}$　　　B. $\{1,\ 2,\ 5,\ 6\}$
   C. $\{0,\ 1,\ 2,\ 3,\ 5,\ 6\}$　D. $\{1,\ 2,\ 4,\ 5,\ 6\}$

4. 已知集合 $A=\{1,\ 2,\ 3\}$，$B=\{1,\ 3,\ 5\}$，则 $A\cap B=$（　　）．
   A. $\{1\}$　　　　　　　　　B. $\{1,\ 3\}$
   C. $\{2,\ 5\}$　　　　　　　D. $\{1,\ 2,\ 3,\ 5\}$

5. 已知全集 $U=\{1,\ 2,\ 3,\ 4,\ 5\}$，$A=\{1,\ 3,\ 5\}$，则 $\complement_U A=$（　　）．
   A. $\varnothing$　　　　　　　　B. $\{2,\ 4\}$
   C. $\{1,\ 3,\ 5\}$　　　　　D. $\{1,\ 2,\ 3,\ 4,\ 5\}$

三、解答题

1. 设全集 $U=\{x\mid x<8,\ x\in \mathbf{N}\}$，集合 $A=\{1,\ 3,\ 5,\ 7\}$，集合 $B=\{2,\ 4,\ 5\}$．
   (1) 求 $A\cap B$，$\complement_U A$．

(2) 求 $A \bigcap \complement_U B$，$\complement_U A \bigcup \complement_U B$.

2. 已知集合 $A = \{(x, y) \mid x + 2y = 4\}$，$B = \{(x, y) \mid 2x - y = 3\}$，求 $A \bigcap B$.

第三节　简易逻辑

考点剖析 了解真命题、假命题的定义，了解充分条件、必要条件、充要条件的定义，能正确判定充分条件、必要条件、充要条件.

知识小结

一、命题

可以判断真假的陈述句称为命题．其中，判断为真的命题称为真命题，判断为假的命题称为假命题.

简易逻辑

二、充分条件、必要条件、充要条件

1. 如果 p 成立，那么 q 也成立，即 $p \Rightarrow q$，则称 p 是 q 的充分条件.

2. 如果 q 成立，那么 p 也成立，即 $p \Leftarrow q$，则称 p 是 q 的必要条件.

3. 如果 p 成立，那么 q 也成立，且如果 q 成立，那么 p 也成立，即 $p \Rightarrow q$ 且 $p \Leftarrow q$，则称 p 是 q 的充要条件，记作 $p \Leftrightarrow q$，也称 p 等价于 q，或 p 当且仅当 q.

典型例题

题型 1 判定命题的真假

例 判断下列语句哪些是命题，如果是命题，请判断其真假.

(1) 如果一个三角形的三条边都相等，那么这个三角形的三个角都相等.

(2) 中国将变得越来越强大！

(3) 矩形的对角线互相平分且相等.

(4) 如果 $x \in \mathbf{R}$，那么 $x \in A \cap \mathbf{N}$，对吗？

(5) 如果 $x \in A \cup B$，那么 $x \in A \cap B$，对吗？

(6) 如果 $ac > bc$，那么 $a > b$.

(7) 如果 $x \in A$，那么 $x \in A \cup \mathbf{R}$.

(8) 如果 $x \in A$，那么 $x \in A \cap B$.

解 (2)(4)(5) 不是命题，命题有 (1)(3)(6)(7)(8)，其中 (1)(3)(7) 是真命题，(6)(8) 是假命题.

【随堂练习】

判断下列语句哪些是命题，如果是命题，请判断其真假.

(1) 玫瑰花好香啊！

(2) 若 $|x|=1$，则 $x=\pm 1$.

(3) 你是学生吗？

(4) $0>5$.

(5) 今天我好高兴！

(6) 我是不是该去考一项专业技能证？

这些语句中，命题有_____，真命题有_____.

题型 2 充分必要条件的判定

例 1 $b^2=ac$ 是 a，b，c 成等比数列的（　　）.

A. 充分条件　　　　　　　　　　B. 必要条件

C. 充要条件　　　　　　　　　　D. 既不充分也不必要条件

答案 B

例 2 "$2b=a+c$" 是 "a，b，c 成等差数列" 的（　　）.

A. 充分条件　　　　　　　　　　B. 必要条件

C. 充要条件　　　　　　　　　　D. 既不充分也不必要条件

答案 C

例 3 "关于 x 的方程 $ax^2+bx+c=0$ $(a\neq 0)$ 有实根" 是 "$b^2-4ac>0$" 的（　　）.

A. 充分条件　　　　　　　　　　B. 必要条件

C. 充要条件　　　　　　　　　　D. 既不充分也不必要条件

答案 B

例 4 "$\alpha=\beta$" 是 "$\sin\alpha=\sin\beta$" 的（　　）.

A. 充分条件　　　　　　　　　　B. 必要条件

C. 充要条件　　　　　　　　　　D. 既不充分也不必要条件

答案 A

例 5 （2020 年宁夏）$x^2=36$ 的充分必要条件是（　　）.

A. $x=6$ 或 $x=-6$　　　　　　B. $x=6$ 且 $x=-6$

C. $x=6$　　　　　　　　　　　D. $x=-6$

答案 A

【随堂练习】

用 "充分条件" "必要条件" "充要条件" 或 "既不充分也不必要条件" 填空.

(1) "$|x|=1$" 是 "$x=\pm 1$" 的_____.

(2) "$|x|=1$" 是 "$x=1$" 的_____.

(3) "$x>0$，$y<0$" 是 "$xy<0$" 的_____.

(4) （2019 年宁夏）"两个三角形两角对应相等" 是 "两个三角形全等" 的_____

_____.

A组 基础练习

一、填空题

用"充分""必要""充要"或"既不充分也不必要"填空.

1. "$a^2+b^2=0$" 是 "$a=b=0$" 的_____条件.

2. "$x=y$" 是 "$x^2=y^2$" 的_____条件.

3. "$x=2$" 是 "$x^2-3x+2=0$" 的_____条件.

4. "x 是无理数" 是 "x 是实数" 的_____条件.

5. "$x\in A$ 且 $x\in B$" 是 "$x\in A\bigcap B$" 的_____条件.

二、选择题

1. 若 x，$y\in \mathbf{R}$，"$x<0$ 且 $y<0$" 是 "$xy>0$" 的（　　）.
   A. 充分条件　　　　　　　　　B. 必要条件
   C. 充要条件　　　　　　　　　D. 既不充分也不必要条件

2. "$a=0$ 且 $b=0$" 是 "$a^2+b^2=0$" 的（　　）.
   A. 充分条件　　　　　　　　　B. 必要条件
   C. 充要条件　　　　　　　　　D. 既不充分也不必要条件

3. （2018 年宁夏）"$x-2>0$" 是 "$x-5>0$" 的（　　）.
   A. 充分条件　　　　　　　　　B. 必要条件
   C. 充要条件　　　　　　　　　D. 既不充分也不必要条件

4. "$(x-1)^2+(y-2)^2=0$" 是 "$x=1$ 且 $y=2$" 的（　　）.
   A. 充分条件　　　　　　　　　B. 必要条件
   C. 充要条件　　　　　　　　　D. 既不充分也不必要条件

5. （2021 年宁夏）设 x，y 是实数，则 "$x^2=y^2$" 的充分必要条件是（　　）.
   A. $x=y$　　　　　　　　　　B. $x=-y$
   C. $x^3=y^3$　　　　　　　　D. $|x|=|y|$

B组 拓展练习

一、填空题

用"充分""必要""充要"或"既不充分也不必要"填空.

1. "$a>b$" 是 "$a^2>b^2$" 的_____条件.

2. "$x=4$" 是 "$16-x^2=0$" 的_____条件.

3. "判别式 $\triangle>0$" 是 "一元二次方程有实根" 的_____条件.

4. "$xy>0$" 是 "$x>0$ 且 $y>0$" 的_____条件.

5. "$|a|>|b|$" 是 "$a^2>b^2$" 的_____条件.

6. "$a>b$" 是 "$a+c>b+c$" 的_____条件.

二、选择题

1. 在 $\triangle ABC$ 中,"$A=B$" 是 "$\sin A=\sin B$" 的(　　).

  A. 充分条件   B. 必要条件

  C. 充要条件   D. 既不充分也不必要条件

2. "α 是钝角" 是 "α 是第二象限的角" 的(　　).

  A. 充分条件   B. 必要条件

  C. 充要条件   D. 既不充分也不必要条件

3. "$x\in A\cup B$" 是 "$x\in B$" 的(　　).

  A. 充分条件   B. 必要条件

  C. 充要条件   D. 既不充分也不必要条件

4. "$a>b>0$" 是 "$a^2>b^2$" 的(　　).

  A. 充分条件   B. 必要条件

  C. 充要条件   D. 既不充分也不必要条件

第 二 章

不等式

考试内容	考点呈现	题型	分值
不等式	①理解不等式的基本性质；②会解一元一次不等式（组）、一元二次不等式、含有绝对值的不等式和线性分式不等式；③会用描述法、区间表示解集	选择题（一元一次不等式组、含有绝对值的不等式、一元二次不等式、不等式的性质）解答题	12分或13分
本章分类考试命题实际总分		2个选择题共计12分或1个解答题共计13分	

考试内容 不等式的基本性质，不等式的解法.

考点要求 掌握比较实数大小的方法，理解不等式的基本性质；掌握一元一次不等式（组）、一元二次不等式、含绝对值的一元一次不等式的解法，会用集合、区间表示它们的解集.

第一节 一元二次方程的解法

考点剖析 掌握一元二次方程的基本解法；理解一元二次方程根与系数的关系和判别式的运用，进而掌握一元二次不等式的解法.

知识 小结

1. 一元二次方程的解法有：公式法、因式分解法、配方法等.

2. 在一元二次方程 $ax^2+bx+c=0$（$a\neq0$）中，$\Delta=b^2-4ac$ 称为根的判别式.

当 $\Delta>0$ 时，方程有两个不相等的实数根；

当 $\Delta=0$ 时，方程有两个相等的实数根；

一元二次方程的解法

当 $\Delta < 0$ 时，方程没有实数根.

3. 韦达定理（根与系数的关系）：设一元二次方程 $ax^2 + bx + c = 0 (a \neq 0)$ 的两个实数根 x_1，x_2，那么 $x_1 + x_2 = -\dfrac{b}{a}$，$x_1 \cdot x_2 = \dfrac{c}{a}$.

典型 例题

题型 1 例 分别用公式法和因式分解法解方程 $x^2 - x - 6 = 0$.

解法 1 （公式法）$\Delta = b^2 - 4ac = (-1)^2 - 4 \times 1 \times (-6) = 25 > 0$，

所以 $x_1 = 3$，$x_2 = -2$.

所以原方程的解集为 $\{3，-2\}$.

解法 2 （因式分解法）由原方程得 $(x-3)(x+2) = 0$，

即 $x-3 = 0$ 或 $x+2 = 0$，所以 $x_1 = 3$，$x_2 = -2$.

所以原方程的解集为 $\{3，-2\}$.

【随堂练习】

1. 方程 $x^2 - 4 = 0$ 的解集为 ＿＿＿＿＿＿＿＿.

2. 方程 $x^2 + x - 6 = 0$ 的解集为 ＿＿＿＿＿＿＿＿.

题型 2 例 已知关于 x 的方程 $2x^2 + (m-1)x + m - 1 = 0$，求当 m 取何值时，

（1）方程有两个不相等的实数根；

（2）方程有两个相等的实数根；

（3）方程没有实数根.

解 因为 $\Delta = b^2 - 4ac = (m-1)^2 - 4 \times 2 \times (m-1) = m^2 - 10m + 9 = (m-1)(m-9)$，所以

（1）当 $\Delta > 0$ 即 $m > 9$ 或 $m < 1$ 时，方程有两个不相等的实数根；

（2）当 $\Delta = 0$ 即 $m = 9$ 或 $m = 1$ 时，方程有两个相等的实数根；

（3）当 $\Delta < 0$ 即 $1 < m < 9$ 时，方程没有实数根.

【随堂练习】

若关于 x 的方程 $ax^2 + (a-1)x + 1 = 0$ 无实数根，则 a 的取值范围是 ＿＿＿＿＿＿.

A组 基础练习

一、填空题

1. 方程 $(x-1)(x+1) = 0$ 的解集为 ＿＿＿＿＿＿.

2. 方程 $x^2 - 3x = 0$ 的解集为 ＿＿＿＿＿＿.

3. 方程 $x^2 - 2x - 3 = 0$ 的解集为 ＿＿＿＿＿＿.

4. 方程 $x^2 - 3x - 10 = 0$ 的解集为 ＿＿＿＿＿＿.

5. 方程 $x^2 + x - 12 = 0$ 的解集为 ＿＿＿＿＿＿.

B组 拓展练习

一、选择题

1. 若 $x=1$ 是方程 $x^2+kx+2=0$ 的一个根，则方程的另一个根与 k 的值分别是（   ）.
   A. 2，3
   B. -2，3
   C. -2，-3
   D. 2，-3

2. 已知 $x=-1$ 是方程 $x^2+mx+1=0$ 的一个根，则 $m=$（   ）.
   A. 2
   B. -2
   C. 0
   D. 1

3. 方程 $x^2=2x$ 的解是（   ）.
   A. $x=2$
   B. $x_1=-\sqrt{2}$，$x_2=0$
   C. $x_1=2$，$x_2=0$
   D. $x=0$

4. 方程 $x^2-4=0$ 的根是（   ）.
   A. $x_1=2$，$x_2=-2$
   B. $x=4$
   C. $x=2$
   D. $x=-2$

二、填空题

1. -4，-3，-2，-1，0，1，2，3，4 中＿＿＿＿＿＿＿是方程 $2x^2+10x+12=0$ 的根.

2. 配方：(1) x^2-8x+＿＿＿＿$=(x-$＿＿＿＿$)^2$；
   (2) $9x^2+12x+$＿＿＿＿$=(3x+$＿＿＿＿$)^2$；
   (3) x^2+px+＿＿＿＿$=(x+$＿＿＿＿$)^2$.

3. 写出一个一根为 2 的一元二次方程：＿＿＿＿＿＿＿.

4. 方程 $x^2-16=0$ 的根是＿＿＿＿＿＿＿.

三、解答题

1. $x^2=9$，根据平方根的意义，直接开平方得 $x=\pm3$，如果 x 换元为 $2t+1$，即 $(2t+1)^2=9$，如何求解呢？

2. 解方程：$x^2+6x+9=2$.

3. 某市市政府计划 2 年内将人均住房面积由现在的 10 m^2 提高到 14.4 m^2，求每年人均住房面积的增长率.

4. 某公司一月份营业额为 1 万元，第一季度总营业额为 3.31 万元，该公司二、三月份营业额平均增长率是多少？

第二节　不等式的性质及一元一次不等式（组）

考点剖析 理解不等式的基本性质；能运用性质判断命题的正误；了解用作差法比较大小；了解不等式的证明；掌握一元一次不等式（组）的解法，并能用集合、区间、数轴上的点集来表示其解集.

知识 小结

一、掌握比较实数大小的方法——作差法

不等式的性质
及一元一次
不等式（组）

1. 理论依据：$a-b>0\Leftrightarrow a>b$；$a-b=0\Leftrightarrow a=b$；$a-b<0\Leftrightarrow a<b$.
2. 方法步骤：①作差；②计算；③定号；④结论.
3. 提醒：作差后通过分解因式、配方等方法判断差的符号，得出结果.

二、不等式的基本性质

1. 对称性：$a>b\Leftrightarrow b<a$.
2. 传递性：$a>b$，$b>c\Rightarrow a>c$（或 $a<b$，$b<c\Rightarrow a<c$）.
3. 基本性质：
①加法法则：$a>b\Rightarrow a+c>b+c$；
②乘法法则：$a>b$，$c>0\Rightarrow ac>bc$；$a>b$，$c<0\Rightarrow ac<bc$.
推导性质：
①移项法则：$a+b>c\Rightarrow a>c-b$；
②同向不等式的可加性：$a>b$，$c>d\Rightarrow a+c>b+d$；
③同向正数不等式的可乘性：$a>b>0$，$c>d>0\Rightarrow ac>bd$.

三、不等式的证明方法

作差法、综合法等.

四、用区间表示解集

【锦囊妙计】一元一次不等式组的解集可以用口诀帮助记忆："同大取大，同小取小，大小小大中间找，大大小小找不了"，也可通过画数轴求交集.

典型 例题

题型 1 例 若 $a-b<0$，则下列各式中，一定正确的是(　　).

A. $a>b$ 　　　　　　　　　　　　　B. $ab>0$

C. $\dfrac{a}{b}<0$ 　　　　　　　　　　　D. $-a>-b$

分析　由已知的不等式，两边同时加上 b，得 $a<b$，两边同时乘以 -1，得 $-a>-b$，故选 D. 注意 A、B、C 的变形都是毫无根据的.

答案　D

【随堂练习】

1. $a<0$ 时，$3+a$ _____ $2+a$.

2. $a>b$ 时，$a-b$ _____ 0.

题型 2 例 如果 $m<n<0$，那么下列结论中错误的是(　　).

A. $m-9<n-9$ 　　　　　　　　　　B. $-m>-n$

C. $\dfrac{1}{n}>\dfrac{1}{m}$ 　　　　　　　　　　D. $\dfrac{m}{n}>1$

分析　本题主要考查不等式的三条基本性质.

依据性质 1，由 $m<n$，得 $m-9<n-9$，故 A 正确；

依据性质 2，由 $m<n$ 且 $mn>0$，得 $\dfrac{1}{n}<\dfrac{1}{m}$，故 C 不正确；

依据性质 3，由 $m<n<0$，得 $-m>-n$，$\dfrac{m}{n}>1$，故 B、D 正确.

故本题应选 C.

答案　C

【随堂练习】

1. 当 $mn<0$ 时，比较大小：$(m-n)^2$ _____ $(m+n)^2$.

2. 比较大小：$(x+1)^2$ _____ $x(x+2)$.

3. (2019 年宁夏) 若 $a+b>0$ 且 $b<0$，则 $a-b$ 的值是(　　).

A. 大于 0 　　　　　　　　　　　　B. 小于 0

C. 等于 0 　　　　　　　　　　　　D. 不能确定

题型 3 例 如图，图中阴影部分表示 x 的取值范围，则下列表示中正确的是(　　).

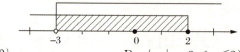

A. $\{x\,|\,-3\leqslant x<2\}$ 　　　　　　　B. $\{x\,|\,-3<x\leqslant 2\}$

C. $\{x\,|\,-3\leqslant x\leqslant 2\}$ 　　　　　　D. $\{x\,|\,-3<x<2\}$

分析　由图可知，解集应为 $\{x\,|\,-3<x\leqslant 2\}$. 故选 B.

答案　B

【随堂练习】

1. 用区间表示不等式组 $\begin{cases} 2x-3 \leqslant 1, \\ 3x-1 > 0 \end{cases}$ 的解集：＿＿＿＿＿＿．

2. 已知集合 $A=\{x \mid 3-x < 5\}$，$B=\{x \mid 2x+4 < 1\}$，则 $A \cap B$ 用区间表示为＿＿＿＿．

【方法指导】

1. 题型 1～题型 2 的关键在于熟练掌握不等式的基本性质，特别是性质 3，即若 $a > b$，$c < 0$，则 $ac < bc$．

2. 要借助数轴，熟记四种基本不等式组的解集的确定方法："两个大于取大数，两个小于取小数，大小小大取中间，小小大大取不到."

A组 基础练习

一、选择题

1. 已知 $a > b$，则下列结论正确的是（　　）．

A. $\sqrt{a} > \sqrt{b}$　　　B. $a+c > b+c$　　　C. $ac > bc$　　　D. $a^2 > b^2$

2. 设 a，$b \in \mathbf{R}$，则下列命题正确的是（　　）．

A. 若 $x > y$，$a > b$，则 $a-x > b-y$　　　B. 若 $a > b$，则 $\dfrac{1}{a} < \dfrac{1}{b}$

C. 若 $x > y$，$a > b$，则 $ax > by$　　　D. 若 $a > |b|$，则 $a^2 > b^2$

3. 已知 a，b，$c \in \mathbf{R}$，且 $a > b$，则下列不等式中一定成立的是（　　）．

A. $a+b \geqslant b+c$　　　B. $ac > bc$　　　C. $\dfrac{c^2}{a-b} > 0$　　　D. $(a-b)c^2 \geqslant 0$

4. 已知 a，b，c 满足 $c < b < a$，且 $ac < 0$，那么下列选项中一定错误的是（　　）．

A. $ab > ac$　　　B. $c(b-a) < 0$　　　C. $cb^2 < ab^2$　　　D. $ac(a-c) < 0$

二、填空题

1. 已知 $2b < a < -b$，则 $\dfrac{a}{b}$ 的取值范围为＿＿＿＿＿．

2. 若 $P=\sqrt{a+3}-\sqrt{a+2}$，$Q=\sqrt{a+2}-\sqrt{a+1}(a > 0)$，则 P，Q 的大小关系是＿＿＿＿＿＿＿＿．

B组 拓展练习

一、选择题

1. 已知 $a < b$，下列不等式中，错误的是（　　）．

A. $4a < 4b$　　　B. $-4a < -4b$　　　C. $a+4 < b+4$　　　D. $a-4 < b-4$

2. 如果 $t>0$，那么 $a+t$ 与 a 的大小关系是（　　）.

　A. $a+t>a$ 　　　　　　　　　　B. $a+t<a$

　C. $a+t \geqslant a$ 　　　　　　　　　D. 不能确定

3. 已知 $a<b$，则下列不等式中一定成立的是（　　）.

　A. $a+3>b+3$ 　　　　　　　　B. $2a>2b$

　C. $-a<-b$ 　　　　　　　　　D. $a-b<0$

4. 如下图所示，对 a，b，c 三种物体的重量判断正确的是（　　）.

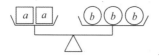 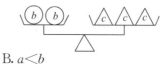

　A. $a<c$ 　　　　　　　　　　B. $a<b$

　C. $a>c$ 　　　　　　　　　　D. $b<c$

5. 实数 a，b，c 在数轴上的位置如下图所示，下列各式中正确的是（　　）.

　A. $a+b>b+c$ 　　　　　　　　B. $a-b<b+c$

　C. $ac>bc$ 　　　　　　　　　D. $\dfrac{a}{c}>\dfrac{b}{c}$

6. 实数 a，b，c 在数轴上的位置如下图所示，下列式子中正确个数为（　　）.

　①$b+c>0$；②$a+b>a+c$；③$bc>ac$；④$ab>ac$.

　A. 1 个 　　　　　　　　　　B. 2 个

　C. 3 个 　　　　　　　　　　D. 4 个

7. 如右图，数轴上所表示的不等式组的解集是（　　）.

　A. $\{x \mid x \leqslant 2\}$ 　　　　　　B. $\{x \mid -1 \leqslant x \leqslant 2\}$

　C. $\{x \mid -1<x \leqslant 2\}$ 　　　　D. $\{x \mid x>-1\}$

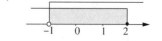

8. 不等式组 $\begin{cases} x>1, \\ x>3 \end{cases}$ 的解集在数轴上可以表示为（　　）.

A. 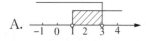 　　　　B.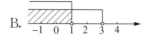

C. 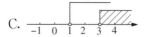 　　　　D.

9. （2021 年宁夏）若 $a<0$，则下列选项中不正确的是（　　）.

　A. $3+a>2+a$ 　　　　　　　　B. $3-a>2-a$

　C. $3a>2a$ 　　　　　　　　　D. $\dfrac{a}{3}>\dfrac{a}{2}$

第三节 一元二次不等式

考点剖析 掌握一元二次不等式的解法，能准确写出一元二次不等式的解集，能用集合、区间、数轴上的点集来表示其解集.

一元二次不等式

知识小结

一元二次方程的根，判别式 Δ，二次函数，一元二次不等式解集的关系如下表.

判别式 $\Delta=b^2-4ac$	$\Delta>0$	$\Delta=0$	$\Delta<0$
二次函数 $y=ax^2+bx+c$ $(a>0)$ 的图象			
一元二次方程 $ax^2+bx+c=0(a>0)$ 的根	有两个相异的实根 x_1，$x_2(x_1<x_2)$	有两个相等的实根 $x_1=x_2=-\dfrac{b}{2a}$	没有实数根
$ax^2+bx+c>0(a>0)$ 的解集	$\{x\mid x<x_1 \text{或} x>x_2\}$	$\{x\mid x\neq x_1\}$	$\{x\mid x\in \mathbf{R}\}$
$ax^2+bx+c<0(a>0)$ 的解集	$\{x\mid x_1<x<x_2\}$	$\varnothing$	$\varnothing$

【锦囊妙计】 一元二次方程有两个不同实数根时可借助口诀"小于夹中间，大于找两边"求一元二次不等式的解集.

典型例题

题型1 **例** 解不等式：$-3x^2-2x+8\leqslant 0$.

解 原不等式等价于 $3x^2+2x-8\geqslant 0$，

即 $(x+2)(3x-4)\geqslant 0 \Rightarrow x\leqslant -2$ 或 $x\geqslant \dfrac{4}{3}$.

不等式的解集为 $\left(-\infty,-2\right]\cup\left[\dfrac{4}{3},+\infty\right)$.

【反思感悟】 解一元二次不等式的一般步骤是：(1) 化为标准形式；(2) 确定判别式 Δ 的符号；(3) 若 $\Delta\geqslant 0$，则求出该不等式对应的二次方程的根，若 $\Delta<0$，则对应的二次

方程无根；（4）结合二次函数的图象得出不等式的解集. 特别地，若一元二次不等式的左边的二次三项式能分解因式，则可立即写出不等式的解集.

【随堂练习】

解不等式：$8x-1 \leqslant 16x^2$.

题型 2 **例** 某种商品，现在定价 p 元，每月卖出 n 件，设定价上涨 x 成，每月卖出数量减少 y 成，每月售货总金额变成现在的 z 倍.

(1) 用 x 和 y 表示 z；

(2) 设 $y=kx(0<k<1)$，利用 k 表示每月售货总金额最大时 x 的值；

(3) 若 $y=\dfrac{2}{3}x$，求使每月售货总金额有所增加的 x 值的范围.

解 (1) 按现在的定价上涨 x 成时，上涨后的定价为 $p\left(1+\dfrac{x}{10}\right)$ 元，每月卖出数量为 $n\left(1-\dfrac{y}{10}\right)$ 件，每月售货总金额是 npz 元，则

$$npz=p\left(1+\dfrac{x}{10}\right)\cdot n\left(1-\dfrac{y}{10}\right),$$

所以 $z=\dfrac{(10+x)(10-y)}{100}$.

(2) 在 $y=kx$ 的条件下，$z=\dfrac{(10+x)(10-kx)}{100}$，

整理可得 $z=\dfrac{1}{100}\cdot\left\{100+\dfrac{25(1-k)^2}{k}-k\cdot\left[x-\dfrac{5(1-k)}{k}\right]^2\right\}$，

由于 $0<k<1$，则 $\dfrac{5(1-k)}{k}>0$，所以使每月售货总金额 z 值最大的 x 的值是 $\dfrac{5(1-k)}{k}$.

(3) 当 $y=\dfrac{2}{3}x$ 时，$z=\dfrac{(10+x)\left(10-\dfrac{2x}{3}\right)}{100}$，

要使每月售货总金额有所增加，即 $z>1$，

应有 $(10+x)\cdot\left(10-\dfrac{2}{3}x\right)>100$，即 $x(x-5)<0$，

解得 $0<x<5$，所以使每月售货总金额有所增加的 x 的范围是 $(0,5)$.

【反思感悟】不等式应用题常以函数的模型出现，多是解决现实生活、生产、科技中的最优化问题，在解题中涉及不等式的解及有关问题、解不等式的应用题等，要审清题意，建立合理恰当的数学模型，这是解不等式应用题的关键.

【随堂练习】国家为了加强对烟酒生产的宏观调控，实行征收附加税政策. 现知某种酒每瓶 70 元，不征收附加税时，每年产销 100 万瓶；若政府征收附加税，每销售 100 元

要征税 R 元（叫作税率 $R\%$），则每年的销售收入将减少 $10R$ 万瓶. 要使每年在此项经营中所收附加税金不少于 112 万元，问 R 应怎样确定？

【分析】设每年销售量为 x 万瓶，则销售收入为每年 $70x$ 万元，征收的税金为 $70x \cdot R\%$ 万元，其中 $x = 100 - 10R$.

由题意得 $70(100 - 10R)R\% \geqslant 112$，

整理得 $R^2 - 10R + 16 \leqslant 0$，

$(R - 8)(R - 2) \leqslant 0$，

解得 $2 \leqslant R \leqslant 8$.

A组　基础练习

1. 已知集合 $A = \{x \mid x^2 - 4x + 3 < 0\}$，$B = \{x \mid 2 < x < 4\}$，则 $A \cap B = ($　　$)$.

　　A.$(1, 3)$　　　　B.$(1, 4)$　　　　C.$(2, 3)$　　　　D.$(2, 4)$

2. 若集合 $A = \{x \mid ax^2 - ax + 1 < 0\} = \varnothing$，则实数 a 的取值范围是$($　　$)$.

　　A. $\{a \mid 0 < a < 4\}$　　　　　　B. $\{a \mid 0 \leqslant a < 4\}$

　　C. $\{a \mid 0 < a \leqslant 4\}$　　　　　　D. $\{a \mid 0 \leqslant a \leqslant 4\}$

3. 已知集合 $A = \{-2, -1, 0, 1, 2\}$，$B = \{x \mid (x-1)(x+2) < 0\}$，则 $A \cap B = ($　　$)$.

　　A. $\{-1, 0\}$　　　B. $\{0, 1\}$　　　C. $\{-1, 0, 1\}$　　　D. $\{0, 1, 2\}$

4. 函数 $f(x) = \log_2(x^2 + 2x - 3)$ 的定义域是$($　　$)$.

　　A. $[-3, 1]$　　　　　　　　　　B.$(-3, 1)$

　　C.$(-\infty, -3] \cup [1, +\infty)$　　　　D.$(-\infty, -3) \cup (1, +\infty)$

5. 不等式 $-x^2 - 3x + 4 > 0$ 的解集为　　　　.（用区间表示）

B组　拓展练习

1. 已知集合 $A = \{x \mid x^2 - 2x - 3 \leqslant 0\}$，$B = \{x \mid -2 \leqslant x < 2\}$，则 $A \cap B = ($　　$)$.

　　A. $[-2, -1]$　　　　　　　　B. $[-1, 2)$

　　C. $[-1, 2]$　　　　　　　　D. $[1, 2)$

2. 满足 $\dfrac{1}{x} < 2$ 与 $\dfrac{1}{x} > -3$ 的 x 适合的条件是$($　　$)$.

　　A. $\dfrac{1}{3} < x < \dfrac{1}{2}$　　　　　　B. $x > \dfrac{1}{2}$

　　C. $x < -\dfrac{1}{3}$　　　　　　　　D. $x > \dfrac{1}{2}$ 或 $x < -\dfrac{1}{3}$

3. 已知函数 $f(x) = (ax - 1)(x + b)$，如果不等式 $f(x) > 0$ 的解集是 $(-1, 3)$，则不等式 $f(-2x) < 0$ 的解集是$($　　$)$.

　　A. $\left(-\infty, -\dfrac{3}{2}\right) \cup \left(\dfrac{1}{2}, +\infty\right)$　　　　B. $\left(-\dfrac{3}{2}, \dfrac{1}{2}\right)$

　　C. $\left(-\infty, -\dfrac{1}{2}\right) \cup \left(\dfrac{3}{2}, +\infty\right)$　　　　D. $\left(-\dfrac{1}{2}, \dfrac{3}{2}\right)$

4. 已知 p：关于 x 的不等式 $x^2+2ax-a>0$ 的解集是 $\mathbf{R}$，q：$\{a\mid -1<a<0\}$，则 p 是 q 的（　　）.

    A. 充分不必要条件　　　　　　　　B. 必要不充分条件

    C. 充要条件　　　　　　　　　　　D. 既不充分也不必要条件

5. 不等式 $2x^2-x<3$ 的解集为＿＿＿＿＿＿＿＿＿.

6. 不等式 $(x-1)(x-2)>0$ 解集是＿＿＿＿＿＿＿＿＿＿＿＿＿＿.

7. 解不等式：$\dfrac{x-4}{2}-3(x+1)<(x+2)-14$.

8. 解不等式：$\log_{\frac{1}{2}}(3x^2-2x-5)\leqslant\log_{\frac{1}{2}}(4x^2+x-5)$.

第四节　含绝对值的不等式

考点剖析 了解绝对值的几何意义和性质，掌握一元一次绝对值不等式的解法；能用集合（描述法）、区间、数轴三种方式来表示其解集.

知识 小结

一、绝对值的几何意义

数轴上表示数 a 的点与原点的距离称为数 a 的绝对值，记作 $|a|$. 含绝对值的不等式

二、绝对值不等式的解法

含绝对值的不等式 $|x|<a$ 与 $|x|>a$ 的解集如下表所示.

不等式	$a>0$	$a=0$	$a<0$
$|x|<a$	$(-a,a)$	$\varnothing$	$\varnothing$
$|x|>a$	$(-\infty,-a)\cup(a,+\infty)$	$(-\infty,0)\cup(0,+\infty)$	$\mathbf{R}$

【锦囊妙计】 含绝对值不等式的常用解法如下：

（1）基本性质法：对 $a\in\mathbf{R}^+$，$|x|<a\Leftrightarrow-a<x<a$；$|x|>a\Leftrightarrow x<-a$ 或 $x>a$.

（2）平方法：两边平方去掉绝对值符号.

（3）零点分区间法（或叫定义法）：含有两个或两个以上绝对值符号的不等式，可用零点分区间法去掉绝对值符号，将其转化为与之等价的不含绝对值符号的不等式（组）求解.

（4）几何法：利用绝对值的几何意义，画出数轴，将绝对值转化为数轴上两点的距离求解.

（5）数形结合法：在直角坐标系中作出不等式两边对应的两个函数的图象，利用函数图象求解.

典型 例题

题型① **例** 求不等式 $|x-4|<6$ 的解集.

分析 根据含绝对值的不等式（小于型）去绝对值符号.

解 原不等式等价于 $-6<x-4<6$，

即 $-6+4<x<6+4$，

解得 $-2<x<10$，

所以该不等式的解集是 $\{x|-2<x<10\}$.

【随堂练习】

1. 不等式 $|4x-1|<2$ 的解集为_____.

2. 不等式 $|3x-4|>5$ 的解集为_____.

3. （2018 年宁夏）不等式 $|2x-1|\leqslant 0$ 的解集为_____.

题型 2 例　解不等式 $1\leqslant|2-x|<3$.

解　由原不等式可得 $\begin{cases} 2-x\geqslant 1 \text{ 或 } 2-x\leqslant -1, \\ -3<2-x<3, \end{cases}$ 即 $\begin{cases} x\geqslant 3 \text{ 或 } x\leqslant 1, \\ -1<x<5, \end{cases}$

所以该不等式的解集是 $\{x|-1<x\leqslant 1 \text{ 或 } 3\leqslant x<5\}$.

【随堂练习】

1. 不等式 $|3x-b|<4$ 的解集是_____.

2. （2021 年宁夏）不等式 $|x-2|<3$ 的解集中包含的整数共有(　　).

A. 8 个   B. 7 个

C. 6 个   D. 5 个

A 组　基础练习

一、填空题

1. 当 $a\neq 0$ 时，不等式 $|x|<a^2$ 的解集是_____.

2. 不等式 $|x|\geqslant 1+a^2$ 的解集是_____.

3. 关于 x 的不等式 $\left|x+\dfrac{2}{3}\right|\geqslant\dfrac{2}{3}$ 成立的条件是_____.

二、解答题

1. 解不等式：$|2x-1|<2$.

2. 解不等式：$|x+2|>2$.

3. 解不等式：$1\leqslant|2x-3|\leqslant 5$.

4. 解不等式：$2\leqslant|2-3x|<6$.

B组 拓展练习

一、填空题

1. 不等式 $|2x-1|<3$ 的解集为_____.
2. 不等式 $|3x-1|-4<0$ 的解集为_____.
3. 不等式 $|x+2|-3\leqslant1$ 的解集为_____.
4. 在实数范围内，不等式 $||x-2|-1|\leqslant1(x\in\mathbf{R})$ 的解集是_____.

二、解答题

1. 解不等式：$|3-x|\leqslant1$.

2. 解不等式：$|3-4x|-7\leqslant0$.

函 数

本章分类考试命题情况分析

考试内容	考点呈现	题型	分值
函数的概念及其性质	①函数的概念及表示； ②会求常见的函数定义域； ③函数单调性、奇偶性及相应图象特征	选择题（具体函数求值、函数的定义域、函数的单调性或奇偶性）	6分
一元二次函数，指数函数和对数函数	①一元二次函数的图象和性质； ②能用函数、方程、不等式等知识解决有关的简单实际问题； ③掌握指数与对数的概念，运算法则； ④了解常见函数、指数函数和对数函数的概念、图象和性质	选择题（函数的图象或性质） 解答题（函数的应用，求最大面积或利润；与指数函数、对数函数有关的运算）	6分或14分

考试内容 函数的有关概念，函数的表示方法，函数的性质.

考点要求 了解函数的概念及其三种表示方法；掌握简单的函数定义域的求法；了解函数单调性、奇偶性的概念及其图象特征；掌握函数单调性、奇偶性的判定方法.

第一节 函数的概念及表示方法

考点剖析 理解函数的定义、函数的三种表示方法；掌握简单函数定义域的求法.

知识 小结

一、函数的概念

设在某个变化过程中有两个变量 x 与 y，如果按某个确定的对应关系 f，使对于某个范围的任意一个数 x，都有唯一的数 y 和它对应，那么就称 y 为 x 的函数，记作 $y = f(x)$，其中，x 称为自变量，y 称为因变量（或函数值），x 的取值范围称为函数的定义域，y 的取值范围称为函数的值域.

函数的概念
及表示方法

二、函数的三要素

函数的三要素：定义域、对应关系、值域.

三、函数的三种表示方法

1. 解析式法：用一个或几个等式来表示函数的方法.
2. 列表法：用表格来表示函数的方法.
3. 图象法：用平面直角坐标系里的图形来表示函数的方法.

四、求函数定义域的不同类型与方法

1. 分式的分母不等于 0；
2. 偶次根式中，被开方式大于或等于 0；
3. 函数 $y = x^0$ 中，底数不为 0，即 $x \neq 0$（$x = 0$ 无意义）；
4. 对数中，对数的真数大于 0；
5. 正切函数 $y = \tan x$ 中，$x \neq \dfrac{\pi}{2} + k\pi$，$k \in \mathbf{Z}$.

五、判断两个函数为相同函数的步骤

1. 定义域相同；
2. 对应关系相同；
3. 值域相同.

【锦囊妙计】①求函数定义域，通常是根据以上情形列出不等式或不等式组求解集；②在实际问题中，还要考虑自变量的实际意义；③前两项相同，则两函数一定是相同函数.

典型例题

题型 1 函数的定义

例 1 若函数 $f(x)=-x+3$，则 $f(-1)=$ _____；若函数 $f(x)=5$，则 $f(1)=$ _____，$f(x^2)=$ _____.

答案 4；5，5.

例 2 若 $f(x)=\begin{cases} x-2, & x<-1, \\ x^2, & -1\leqslant x<2, \\ \dfrac{1}{x+3}, & x\geqslant 2, \end{cases}$ 则 $f(4)=$ _____，$f(0)=$ _____，

$f(-7)=$ _____.

答案 $\dfrac{1}{7}$，0，-9.

例 3 若函数 $f(x)=x^2+3x$，则 $f[f(-1)]=$ _____，$f(x-1)=$ _____.

答案 -2，x^2+x-2.

例 4 已知函数 $f(x)=2x+b$，若 $f(1)=5$，则 $b=$ _____.

答案 3.

【随堂练习】

1. 若函数 $f(x)=x^a(a\neq 0)$，则 $f(1)=$ _____.

2. 若 $f(x)=\begin{cases} \sqrt{x^2+3}, & x\leqslant 0, \\ \dfrac{x-2}{x+1}, & x>0, \end{cases}$ 则 $f[f(-1)]=$ _____.

3. （2018 年宁夏）车工在加工零件前用 20 分钟做准备工作，以后每加工一个零件平均用半小时，则工作时间 y（小时）和产品件数 x 间的函数关系是 _____（$x\in \mathbf{N}^*$）.

题型 2 **例** 求函数的定义域：

(1) $f(x)=\dfrac{x-2}{x-3}$；   (2) $f(x)=\dfrac{\sqrt{x+3}}{x+1}$；

(3) $f(x)=\sqrt{x^2-3x-4}$；   (4) $f(x)=\log_2(x^2-2x-3)$.

解 （1）解析式只有分式的，保证分母不为零，将定义域表示为集合的形式.

由 $x-3\neq 0$ 得 $x\neq 3$，

所以函数的定义域为 $\{x\mid x\neq 3\}$.

（2）解析式出现分式和根式的，保证分母不为零，同时保证被开方式非负.

由 $x+1\neq 0$ 且 $x+3\geqslant 0$ 得 $x\geqslant -3$ 且 $x\neq -1$，

所以函数的定义域为 $\{x\mid x\geqslant -3$ 且 $x\neq -1\}$.

（3）解析式只出现根式的，保证被开方式非负，问题转化为解一元二次不等式.

由 $x^2-3x-4\geqslant 0$，得 $(x-4)(x+1)\geqslant 0$，解得 $x\leqslant -1$ 或 $x\geqslant 4$，

所以函数的定义域为 $\{x\mid x\leqslant -1$ 或 $x\geqslant 4\}$.

（4）按照对数的定义，真数大于零，问题转化为解一元二次不等式.

由 $x^2-2x-3>0$，得 $(x-3)(x+1)>0$，解得 $x<-1$ 或 $x>3$.

所以函数的定义域为 $\{x\,|\,x<-1\ 或\ x>3\}$.

【随堂练习】

求下列函数的定义域：

(1) $f(x)=\dfrac{x-1}{x+2}$；

(2) $f(x)=\dfrac{\sqrt{x+2}}{x-4}$；

(3) $f(x)=\sqrt{x^2-2x}$；

(4) $f(x)=\log_2(x^2-x-2)$.

题型 3 例 判断下列各组是相同函数的是（ ）.

A. $f(x)=\dfrac{2x^2}{x^2}$ 与 $f(x)=2$

B. $f(x)=\sqrt{x^2}$ 与 $f(x)=x$

C. $f(x)=\sqrt{x^2}$ 与 $f(x)=|x|$

D. $f(x)=2\left(\sqrt{x}\right)^2$ 与 $f(x)=2x$

分析 依次判断定义域、对应关系、值域三要素全部相同，则是相同函数；故选项 C 正确.

答案 C

A组 基础练习

一、填空题

1. 已知函数 $f(x)=x+1$，则 $f(1)=$ _____，$f(x+1)=$ _____.

2. 已知函数 $f(x)=\begin{cases}\dfrac{x^2-4}{\sqrt{x^2+16}}, & x<0,\\[2mm] \dfrac{2}{x+1}, & x\geqslant0,\end{cases}$ 则 $f[f(-2)]=$ _____.

3. 函数 $f(x)=\dfrac{2}{x-1}$ 的定义域是 _____.

4. 函数 $f(x)=\sqrt{x-1}$ 的定义域是 _____.

5. 函数 $f(x)=\dfrac{1}{\sqrt{x-1}}$ 的定义域是 _____.

6. 函数 $f(x)=\log_2(x^2-2x)$ 的定义域是_____.

7. 函数 $f(x)=\tan x$ 的定义域是_____.

二、选择题

1. 函数 $f(x)=\sqrt{x^2-5x+4}$ 的定义域是(　　).

    A. $\{x \mid x<-1 \text{ 或 } x>4\}$ B. $\{x \mid 1 \leqslant x \leqslant 4\}$

    C. $\{x \mid -1<x<4\}$ D. $\{x \mid x \leqslant 1 \text{ 或 } x \geqslant 4\}$

2. 函数 $f(x)=\begin{cases} x^2+1, & x \leqslant 1, \\ \dfrac{2}{x}, & x>1, \end{cases}$ 则 $f[f(3)]=$ (　　).

    A. $\dfrac{2}{5}$ B. $\dfrac{2}{9}$ C. $\dfrac{2}{3}$ D. $\dfrac{13}{9}$

3. 函数 $f(x)=\log_2(x^2+2x-3)$ 的定义域是(　　).

    A. $\{x \mid x<-3 \text{ 或 } x>1\}$ B. $\{x \mid x<-1 \text{ 或 } x>3\}$

    C. $\{x \mid -1 \leqslant x \leqslant 3\}$ D. $\{x \mid -3<x<1\}$

B组 拓展练习

一、填空题

1. 已知函数 $f(x)=x^2+1$,则 $f(2)=$_____,$f(x+1)=$_____.

2. 已知函数 $f(x)=x^2+b$,$f(2)=8$,$f(-2)=$_____.

3. 已知函数 $f(x)=3$,则 $f(-3)=$_____,$f(5)=$_____.

4. 已知函数 $f(x)=x^4+bx^2+1$,若 $f(-1)=6$,则 $f(1)=$_____.

5. 函数 $f(x)=\sqrt{-4-x^2+5x}$ 的定义域是_____.

6. 函数 $f(x)=\sqrt{\dfrac{x-1}{x+2}}$ 的定义域是_____.

二、选择题

1. 函数 $f(x)=\dfrac{\sqrt{2x-1}}{\sqrt{x+3}}$ 的定义域是(　　).

    A. $\left[\dfrac{1}{2}, +\infty\right)$ B. $[-3, +\infty)$

    C. $(-3, +\infty)$ D. $[-2, +\infty)$

2. 函数 $f(x)=\sqrt{x-2}+\sqrt{5-x}$ 的定义域是(　　).

    A. $[2, +\infty)$ B. $[5, +\infty)$

    C. $(-\infty, 5)$ D. $[2, 5]$

三、解答题

1. 已知函数 $f(x)=x^2+mx+n$，若 $f(1)=f(-3)=0$，求：
   (1) 函数 $f(x)$ 的解析式；(2) $f(-1)$.

2. 已知函数 $f(x)=ax^2+bx+c$，若 $f(1)=5$，$f(2)=12$，$f(-1)=9$，求 $f(-2)$.

第二节　函数的单调性和奇偶性

考点剖析　了解单调函数、奇偶函数的概念及其图象特征；掌握简单的函数单调性、奇偶性的判定方法，会根据函数的单调性和奇偶性比较大小和求值.

知识小结

一、函数单调性的定义

函数的单调性和奇偶性

$y = f(x)$的定义域为A，若$D \subseteq A$，对任意的x_1，$x_2 \in D$，且$x_1 < x_2$，

（1）如果都有$f(x_1) < f(x_2)$，则称函数$y = f(x)$在D上为增函数，D为函数的增区间，如图 3-1 所示；

（2）如果都有$f(x_1) > f(x_2)$，则称函数$y = f(x)$在D上为减函数，D为函数的减区间，如图 3-2 所示.

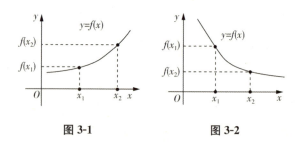

图 3-1　　　　　　图 3-2

二、判定函数单调性的一般方法

图象法，定义法.

三、函数奇偶性的定义

若函数$y = f(x)$的定义域为D，则

（1）任取$x \in D$，都有$-x \in D$，且$f(-x) = f(x)$，则称函数$y = f(x)$为定义域D内的偶函数；偶函数的图象关于y轴对称.

（2）任取$x \in D$，都有$-x \in D$，且$f(-x) = -f(x)$，则称函数$y = f(x)$为定义域D内的奇函数；奇函数的图象关于原点对称.

【锦囊妙计】识记常见基本函数的大致图形可迅速判断函数的单调性与奇偶性.

四、函数奇偶性的分类

(1) 定义域关于原点对称.

$f(-x)=f(x)\Leftrightarrow$偶函数$\Leftrightarrow$图象关于 y 轴对称;

$f(-x)=-f(x)\Leftrightarrow$奇函数$\Leftrightarrow$图象关于原点对称;

$f(-x)\neq f(x)$且$f(-x)\neq -f(x)\Leftrightarrow$非奇非偶函数.

(2) $y=f(x)$ 定义域不关于原点对称,则 $y=f(x)$ 为非奇非偶函数.

典型 例题

题型① 判断常见函数的单调性

例 1 判断下列函数的单调性:

(1) $y=2x+1$; (2) $y=-x^3$;

(3) $y=\dfrac{3}{x}$; (4) $y=x^2$.

解 (1) 一次函数 $y=2x+1$,$2>0$ 时,函数 $y=2x+1$ 在定义域 **R** 上是增函数;

(2) 函数 $y=-x^3$ 在定义域 **R** 上是减函数;

(3) 反比例函数 $y=\dfrac{3}{x}$ 在 $(-\infty,0)$ 上是减函数,在 $(0,+\infty)$ 上是减函数;

(4) 二次函数 $y=x^2$ 在 $(-\infty,0)$ 上是减函数,在 $[0,+\infty)$ 上是增函数.

例 2 函数 $f(x)=x^2-2x+3$ 的增区间是_____,减区间是_____.

答案 $[1,+\infty)$,$(-\infty,1)$.

【随堂练习】

1. 下列函数在其定义域内是增函数的是( ).

A. $y=2x+3$ B. $y=\log_{0.5}x$

C. $y=\dfrac{-2}{x}$ D. $y=x^2+2$

2. 已知函数 $f(x)=\sin(\omega x+\varphi)$ 的图象如下,则函数 $f(x)$ 的增区间是_____,减区间是_____.

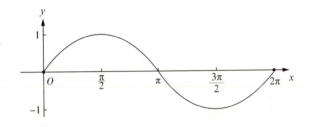

题型 2 利用函数的单调性比较大小

例 1 若函数 $y=f(x)$ 在 **R** 上是增函数，则 $f(-1)$ ＿＿＿＿ $f(2)$；若为减函数，则 $f(-1)$ ＿＿＿＿ $f(2)$.

答案 ＜；＞.

例 2 若函数 $y=f(x)$ 在 **R** 上是增函数，且 $f(a)<f(b)$，则 a ＿＿＿＿ b；若为减函数，则 a ＿＿＿＿ b.

答案 ＜，＞.

【随堂练习】

1. 若函数 $y=f(x)$ 在 **R** 上是减函数，则 $f(-3)$，$f(5)$，$f(9)$ 从大到小的顺序是 ＿＿＿＿＿.

2. 若函数 $y=f(x)$ 在 **R** 上是增函数，则 $f(a^2+2)$ ＿＿＿＿ $f(2a)$.

3. 下列函数中，在其定义域内为增函数的是（ ）.

A. $f(x)=-x+2$ B. $f(x)=x^2+2$

C. $y=\left(\dfrac{1}{2}\right)^x$ D. $y=\log_5 x$

4. （2020 年宁夏）下列函数中，在区间 $(0,+\infty)$ 上为增函数的是（ ）.

A. $y=\sqrt{x-1}$ B. $y=x^2$

C. $y=\left(\dfrac{1}{2}\right)^x$ D. $y=\log_{0.5} x$

题型 3 **例** 判断下列函数的奇偶性：

(1) $f(x)=x^2+1$；   (2) $f(x)=x+\dfrac{1}{x^3}$；

(3) $f(x)=x^2$，$x\in[-2,6]$.

解 (1) 函数的定义域为 **R**，则

$$f(-x)=(-x)^2+1=x^2+1=f(x).$$

所以函数 $f(x)=x^2+1$ 为偶函数.

(2) 函数的定义域为 $\{x\mid x\neq 0\}$，则

$$f(-x)=-x+\dfrac{1}{(-x)^3}=-x+\dfrac{1}{-x^3}=-f(x),$$

所以函数 $f(x)=x+\dfrac{1}{x^3}$ 为奇函数.

(3) 因为自变量的取值范围 $[-2,6]$ 不关于原点对称，所以原函数是非奇非偶函数.

【锦囊妙计】用定义法判断函数奇偶性的步骤：

第一步：分析函数的定义域是否关于原点对称（若不对称，则该函数不具有奇偶性）.

第二步：计算 $f(-x)$.

第三步：观察 $f(-x)$ 与 $f(x)$ 得出结论.

①若 $f(-x)=f(x)$，则函数为偶函数；

②若 $f(-x)=-f(x)$，则函数为奇函数；

③若 $f(-x) \neq f(x)$ 且 $f(-x) \neq -f(x)$，则函数为非奇非偶函数；

④若 $f(-x) = f(x)$ 且 $f(-x) = -f(x)$，则函数既是奇函数又是偶函数.

【随堂练习】

1. （2021年宁夏）下列函数中，是奇函数的是（   ）.

A. $f(x) = -x^3$　　　　　　　　B. $f(x) = x^3 - 2$

C. $f(x) = \left(\dfrac{1}{2}\right)^x$　　　　　　D. $f(x) = \log_2\left(\dfrac{1}{x}\right)$

A组 基础练习

一、填空题

1. 函数 $y = 2x + 3$ 在 **R** 上是_____函数；函数 $f(x) = x^2 - 1$ 在 $[0, +\infty)$ 上是_____函数，在 $(-\infty, 0)$ 上是_____函数.（填"增"或"减"）

2. 已知函数 $y = f(x)$ 在 **R** 上是减函数，那么 $f(-2)$_____$f(3)$；如果是增函数，那么 $f(-2)$_____$f(3)$.（填"$>$"或"$<$"）

3. 已知函数 $y = f(x)$ 在 **R** 上是增函数，那么 $f(4)$_____$f(1)$；如果是减函数，那么 $f(4)$_____$f(1)$.（填"$>$"或"$<$"）

4. 已知函数 $y = f(x)$ 在 **R** 上是增函数，且 $f(m) < f(n)$，那么 m_____n；如果是减函数，那么 m_____n.（填"$>$"或"$<$"）

5. 已知函数 $y = f(x)$ 是定义域内的偶函数，则 $f(-x) = $_____，函数图象关于_____对称；若为奇函数，则 $f(-x) = $_____，函数图象关于_____对称.

6. 点 $(-2, 3)$ 关于原点对称的点的坐标是_____，关于 y 轴对称的点的坐标是_____，关于 x 轴对称的点的坐标是_____.

7. 函数 $y = x + x^3$ 是_____函数.（填"奇""偶"或"非奇非偶"）

二、选择题

1. 下列函数在 **R** 上是减函数的是（   ）.

A. $y = x + 1$　　　　B. $y = -x^2$　　　　C. $y = \dfrac{1}{x}$　　　　D. $y = -x$

2. 下列函数在 **R** 上是增函数的是（   ）.

A. $y = 2x - 1$　　　　B. $y = -x^2 + 3$　　　　C. $y = -\dfrac{1}{x}$　　　　D. $y = -x + 2$

3. 下列函数是奇函数的是（   ）.

A. $y = 2x + 4$　　　　B. $y = -x^2 + x$　　　　C. $y = x$　　　　D. $y = -x + 2$

4. 下列函数是偶函数的是（   ）.

A. $y = 2x + 4$　　　　B. $y = -x^3 + x^2$　　　　C. $y = 4x$　　　　D. $y = -x^2 + 2$

三、解答题

1. 证明：函数 $y=\dfrac{1}{3}x-4$ 在 **R** 上为增函数.

2. 证明：函数 $y=-5x+3$ 在 **R** 上为减函数.

3. 判断函数 $y=x^2-2x$ 的单调性.

4. 判断 $y=\dfrac{1}{x}+x$ 的奇偶性.

5. 判断 $y=3x^3-4x$ 的奇偶性.

6. 判断 $y=4x^2+2x^4-3$ 的奇偶性.

B组 拓展练习

一、填空题

1. 函数 $f(x)=-x+3$ 在 **R** 上是 _____ 函数；函数 $f(x)=-x^2+1$ 在 $(0，+\infty)$ 上是 _____ 函数，在 $(-\infty，0)$ 上是 _____ 函数（填"增"或"减"）.

2. 已知函数 $y=f(x)$ 在 **R** 上是减函数，那么 $f(-4)$ _____ $f(2)$；如果是增函数，那么 $f(-4)$ _____ $f(2)$（填"$>$"或"$<$"）.

3. 已知函数 $y=f(x)$ 在 **R** 上是减函数，那么 $f(3)$ _____ $f(2)$；如果是增函数，那么 $f(3)$ _____ $f(2)$（填"$>$"或"$<$"）.

4. 函数 $y=2x-x^3$ 是 _____ 函数；函数 $y=x^2+x$ 是 _____ 函数；函数 $y=2x^2+x^4$ 是 _____ 函数（填"奇""偶"或"非奇非偶"）.

5. 已知函数 $y=f(x)$ 是奇函数，若 $f(1)=-2$，则 $f(-1)=$ _____；若函数 $y=f(x)$ 为偶函数，则 $f(-1)=$ _____.

6. （2021年宁夏）函数 $y=f(x)$ 是偶函数，且在 $(0，+\infty)$ 上是增函数，则函数 $y=f(x+1)$ 的减区间是 _____.

二、选择题

1. 若函数 $y=f(x)$ 为偶函数，则下列说法正确的是（　　）.
   A. 图象关于 x 轴对称
   B. 图象关于原点对称
   C. 定义域一定关于原点对称
   D. 一定满足 $f(0)=0$

2. 若函数 $y=f(x)$ 为奇函数，在 $(0，+\infty)$ 上是增函数，那么在 $(-\infty，0)$ 上一定是（　　）函数.
   A. 增
   B. 减
   C. 常
   D. 无法判断

3. 已知函数 $y=f(x)$ 在定义域上是增函数且是奇函数，若 $f(2)=4$，则 $f(-3)$（　　）-4.
   A. 大于
   B. 小于
   C. 等于
   D. 无法确定

三、解答题

1. 证明：函数 $f(x)=\dfrac{1}{x}$ 在 $(-\infty，0)$ 上为单调递减函数.

2. 判断函数 $f(x)=x^2-3x+4$ 的单调性.

3. 判断函数 $f(x)=\dfrac{1}{x^2}-x$ 的奇偶性.

4. 判断 $f(x)=x^3-4x+3$ 的奇偶性.

第三节 指数幂运算与指数函数

考点剖析 实数指数幂的运算性质，根式的概念及根式的性质；指数函数的定义、图象及函数的单调性应用.

知识小结

一、实数指数幂的运算性质

1. $a^{\alpha} \cdot a^{\beta} = a^{\alpha+\beta}$；

2. $(a^{\alpha})^{\beta} = a^{\alpha\beta}$；

3. $(ab)^{\alpha} = a^{\alpha}b^{\alpha}$.

以上各式中，$a>0$，$b>0$，且 α，β 为任意实数.

指数幂运算
与指数函数

二、根式的定义

当 $\sqrt[n]{a}$ 有意义时，$\sqrt[n]{a}$ 叫作根式，n 叫作根指数. 正数 a 的正 n 次方根叫作 a 的 n 次算术根.

例如：$\sqrt[3]{2}$ 叫作 2 的 3 次算术根；负数开偶数次方根没有意义.

三、根式的性质

$(\sqrt[n]{a})^{n} = a$.

例如：$(\sqrt[3]{27})^{3} = 27$，$(\sqrt[5]{-3})^{5} = -3$；

当 n 为奇数时，$\sqrt[n]{a^{n}} = a$；

当 n 为偶数时，$\sqrt[n]{a^{n}} = |a| = \begin{cases} a, & a \geqslant 0, \\ -a, & a < 0. \end{cases}$

四、分数指数幂

$a^{\frac{m}{n}} = \sqrt[n]{a^{m}}$.

五、指数函数 $y=a^x\,(a>0$ 且 $a\ne1)$ 的定义及性质

$y=a^x$		$a>1$	$0<a<1$
图象			
性质	(1) 定义域	**R**	
	(2) 值域	$(0,+\infty)$	
	(3) 定点	过定点 $(0,1)$，即当 $x=0$ 时，$y=1$	
	(4) 单调性	在 **R** 上是增函数	在 **R** 上是减函数
	(5) 函数值的分布情况	当 $x>0$ 时，$y>1$；当 $x<0$ 时，$0<y<1$	当 $x>0$ 时，$0<y<1$；当 $x<0$ 时，$y>1$

典型 例题

题型 ① 例 根据根式的性质 $\sqrt[n]{a^n}=\begin{cases}a,&n\text{ 为奇数,}\\|a|,&n\text{ 为偶数,}\end{cases}$ 则 $\sqrt{(-4)^2}=\underline{\qquad}$，$\sqrt[3]{(-3)^3}=\underline{\qquad}$.

分析 当 n 为偶数时，结果为 $|a|$；当 n 为奇数时，结果为 a.

答案 4，-3.

【随堂练习】

1. $\sqrt{(-2)^2}=\underline{\qquad}$，$\sqrt[6]{(-2)^6}=\underline{\qquad}$，$\sqrt[3]{(-5)^3}=\underline{\qquad}$，$\sqrt[5]{(-6)^5}=\underline{\qquad}$.

2. 已知 $(\sqrt[n]{a})^n=a$，则 $(\sqrt[3]{-27})^3=\underline{\qquad}$，$(\sqrt[4]{16})^4=\underline{\qquad}$，$(\sqrt{9})^2=\underline{\qquad}$.

题型 ② 例 指数函数 $y=a^x\,(a>0$ 且 $a\ne1)$ 在定义域上是增函数，则 $a^2\underline{\qquad}a^4$；若函数在定义域上是减函数，则 $a^2\underline{\qquad}a^4$.

分析 指数函数的单调性，$a>1$ 时，函数在定义域上是增函数；$0<a<1$ 时，函数在定义域上是减函数.

答案 $<$；$>$.

【随堂练习】

指数函数 $y=a^x$ $(a>0$ 且 $a\neq1)$ 在定义域上是增函数，则 a _____ 1；若函数在定义域上是减函数，则 a _____ 1.

题型③ **例** 分数指数幂 $a^{\frac{m}{n}}$ 写成根式是 $\sqrt[n]{a^m}$，那么 $\sqrt[3]{9^2}$ 写成分数指数幂是_____.

分析 考查分数指数幂和根式的互换，$a^{\frac{m}{n}}=\sqrt[n]{a^m}$.

答案 $3^{\frac{4}{3}}$.

A组 基础练习

一、填空题

1. $a^{\frac{1}{4}}$ 写成根式是_____.

2. $\dfrac{1}{\sqrt{a^3}}$ 写成分数指数幂是_____.

3. 指数函数 $y=a^x$ $(a>0$ 且 $a\neq1)$ 的定义域是_____，值域是_____.

4. $\left(\dfrac{1}{27}\right)^{\frac{2}{3}}$ 的值是_____，$\left(\dfrac{9}{16}\right)^{\frac{3}{2}}$ 的值是_____.

5. (2018 年宁夏) $\sqrt[3]{3}\times\sqrt[4]{3}\times\sqrt[4]{27}=$_____.

二、选择题

1. $a^{\frac{2}{3}}$ 写成根式是(　　).

A. $\sqrt[3]{a^2}$　　　B. $\sqrt{a^3}$　　　C. $\sqrt[5]{a^3}$　　　D. $\sqrt{a^2}$

2. $\sqrt[4]{a^3}$ 写成分数指数幂是(　　).

A. $a^{\frac{4}{3}}$　　　B. $a^{\frac{3}{4}}$　　　C. $a^{\frac{3}{2}}$　　　D. $a^{\frac{2}{4}}$

3. $\dfrac{1}{\sqrt[5]{a^3}}$ 写成分数指数幂是(　　).

A. $a^{\frac{5}{3}}$　　　B. $a^{\frac{3}{5}}$　　　C. $a^{-\frac{5}{3}}$　　　D. $a^{-\frac{3}{5}}$

4. 计算 $\left(\dfrac{1}{3}\right)^0$ 的值是(　　).

A. 0　　　B. 1　　　C. 3　　　D. 2

三、解答题

1. 已知指数函数 $y=a^x$ $(a>0$ 且 $a\neq1)$ 的图象经过 $\left(-2,\dfrac{1}{4}\right)$，求 $f(2)$.

2. 比较下列各组中实数的大小：

    (1) 1.2^{-3} 与 1.2^{-5}；

    (2) $0.2^{-1.5}$ 与 $0.2^{-2.5}$；

    (3) 0.03^{-2} 与 0.03^3；

    (4) $0.999^{0.1}$ 与 1.

3. 计算下列各式（式中字母均为正数）：

    (1) $\left(\dfrac{25}{64}\right)^{\frac{3}{2}}$；

    (2) $2\sqrt{5} \times 2\sqrt[3]{2.5} \times \sqrt[6]{20}$；

    (3) $\sqrt{a\sqrt[3]{a}}$；

    (4) $(4^{2-\sqrt{3}})^{2+\sqrt{3}}$.

B组 拓展练习

一、填空题

1. 计算：$\left(-\dfrac{1}{8}\right)^{\frac{2}{3}} = $ _____，$(0.000\,1)^{-\frac{3}{4}} = $ _____.

2. 计算：$(-32)^{\frac{2}{5}} = $ _____，$\sqrt[5]{(-131)^5} = $ _____.

3. 计算：$\left(\sqrt[3]{-131}\right)^3 = $ _____，$\sqrt[2]{(-131)^2} = $ _____.

4. (2019 宁夏) 计算：$81^{\frac{3}{4}} \times 3^{-3} + 0.25^{\frac{1}{2}} \times 0.001\,2^0 = $ _____.

二、选择题

1. 下列函数中，在 $(-\infty, +\infty)$ 上是增函数的是(　　).

    A. $y = \left(\dfrac{1}{2}\right)^x$
    B. $y = 3^x$
    C. $y = \left(\dfrac{1}{5}\right)^x$
    D. $y = 0.1^x$

2. $(-3)^{-2} \times 81^{\frac{3}{4}}$ 的计算结果是(　　).

    A. 3
    B. $\dfrac{1}{3}$
    C. $\dfrac{1}{9}$
    D. 81

3. 下列函数中，是指数函数的是(　　).

    A. $y = \sqrt{2x+1}$
    B. $y = 3^x$
    C. $y = x^3$
    D. $y = \dfrac{1}{x-1}$

4. $0^{2\,022} + 1^{2\,022} + 2\,022^0 + 2\,022^1$ 的计算结果是(　　).

    A. $2\,022$
    B. $2\,021$
    C. $2\,023$
    D. $2\,024$

三、解答题

1. 计算下列各题：

  (1) $2^{-2} \times 16^{\frac{3}{4}} - 0.25 \times (-4)$；

  (2) $(-10)^2 - 5 \times (-3)^2 \times 2^2 + 2^3 \times 10$；

  (3) $4x^{\frac{3}{2}} y^{-\frac{1}{3}} \div \left(\dfrac{4}{3} x^{-\frac{3}{2}} y^{\frac{2}{3}} \right)$.

2. 已知指数函数 $f(x) = a^x (a > 0$ 且 $a \neq 1)$ 的图象经过 $(2,4)$，求 $f(-6)$.

第四节　　对数运算与对数函数

考点剖析 对数的概念与对数式的具体计算；应用常用对数和自然对数、对数的三个运算性质（积、商、幂）进行熟练地计算和化简等；对数函数的概念与性质的具体应用.

知识小结

一、对数的概念

对数运算与
对数函数

一般地，如果 a（$a>0$ 且 $a\neq1$）的 b 次幂等于 N，即 $a^b=N$，那么幂指数 b 叫作以 a 为底 N 的对数．"以 a 为底 N 的对数 b"记作 $b=\log_a N$（$a>0$ 且 $a\neq1$），其中 a 叫作对数的底数，N 叫作真数.

注意：（1）底数的限制：$a>0$ 且 $a\neq1$（以下对数式的底数均符合）；

（2）对数的书写格式；

（3）对数的真数大于零.

二、常用对数和自然对数

常用对数：以 10 为底的对数叫作常用对数，为了简便，$\log_{10} N$ 简记 $\lg N$.

自然对数：在科学技术中，常常使用以无理数 $e=2.718\,28\cdots$ 为底的对数，以 e 为底的对数叫作自然对数，$\log_e N$ 记作 $\ln N$.

三、换底公式

$$\log_b N=\frac{\log_a N}{\log_a b}.$$

四、积商幂的对数

1. 指数幂的运算法则（a，b 均不为零，m，n 为实数）：

（1）$a^m\times a^n=a^{m+n}$；

（2）$(a^m)^n=a^{mn}$；

（3）$(ab)^m=a^m b^m$.

2. 积商幂的对数的运算法则（M，N 均为大于 0 的实数）：

（1）$\log_a(MN)=\log_a M+\log_a N$；

（2）$\log_a(M/N)=\log_a M-\log_a N$；

（3）$\log_a M^b=b\log_a M$.

五、对数恒等式 ($a>0$ 且 $a\neq 1$，M，$N>0$)

1. $\log_a a=1$，即底数的对数等于 1；

2. $\log_a 1=0$，即 1 的对数等于零；

3. 0 和负数没有对数；

4. $a^{\log_a N}=N$；

5. $\log_a a^b=b$.

六、对数函数 $f(x)=\log_a x\,(a>0$ 且 $a\neq 1)$的概念及性质

	$y=\log_a x\,(a>1)$	$y=\log_a x\,(0<a<1)$
图象		
性质	定义域：$(0,+\infty)$	
	值域：$\mathbf{R}$	
	过定点 $(1,0)$，即当 $x=1$ 时，$y=0$	
	在 $(0,+\infty)$ 上是增函数	在 $(0,+\infty)$ 上是减函数

典型 例题

题型 1 例 求 $\log_9 16\cdot\log_4 27$ 的值.

解 $\log_9 16\cdot\log_4 27=\dfrac{\lg 16}{\lg 9}\cdot\dfrac{\lg 27}{\lg 4}=\dfrac{\lg 4^2}{\lg 3^2}\cdot\dfrac{\lg 3^3}{\lg 4}=\dfrac{2\lg 4}{2\lg 3}\cdot\dfrac{3\lg 3}{\lg 4}=3$.

【随堂练习】

计算下列各式的值：

(1) $\log_3\sqrt[3]{27}$；   (2) $\lg 4+\lg 25$；   (3) $\lg 1\,000-\lg 100$.

题型 2 例 证明：恒等式 $\log_{a^n}b^n=\log_a b$.

解法 1 $\log_{a^n}b^n=\dfrac{\lg b^n}{\lg a^n}=\dfrac{n\lg b}{n\lg a}=\dfrac{\lg b}{\lg a}=\log_a b$.

解法 2 $\log_{a^n}b^n=\dfrac{n}{n}\log_a b=\log_a b$.

【随堂练习】

1. 证明：$\log_5 8 \cdot \log_4 9 \cdot \log_{27} 25 = 2$.

2. 证明：$\log_a b \cdot \log_c a \cdot \log_b c = 1$.

题型 ③ 例 比较下列各组实数的大小：

(1) $\lg \dfrac{3}{4}$ 与 $\lg \dfrac{4}{5}$；　　　(2) $\lg 0.9$ 与 0；　　　(3) $\log_{0.2} 5$ 与 $\log_{0.2} 4$.

解 (1) 函数 $y = \lg x$ 在 $(0, +\infty)$ 上是增函数，

又 $\dfrac{3}{4} < \dfrac{4}{5}$，则 $\lg \dfrac{3}{4} < \lg \dfrac{4}{5}$.

(2) 函数 $y = \lg x$ 在 $(0, +\infty)$ 上是增函数，$0 = \lg 1$，

又 $0.9 < 1$，则 $\lg 0.9 < \lg 1 = 0$.

(3) 函数 $y = \log_{0.2} x$ 在 $(0, +\infty)$ 上是减函数，

又 $5 > 4$，则 $\log_{0.2} 5 < \log_{0.2} 4$.

【随堂练习】

比较下列各式的大小

(1) $\ln 2$ 与 $\ln 3$；　　　(2) $\ln 3$ 与 1；　　　(3) $\ln 0.8$ 与 0.

A组 基础练习

一、填空题

1. $\ln e = $ ＿＿＿＿＿＿＿＿，$\lg 10 = $ ＿＿＿＿＿＿＿＿，$e^{\ln 3} = $ ＿＿＿＿＿＿.

2. $\lg 2 + \lg 5 = $ ＿＿＿＿＿＿＿＿，$\log_2 12 - \log_2 6 = $ ＿＿＿＿＿＿.

3. $\log_3 3 = $ ＿＿＿＿＿＿＿＿，$\log_2 1 = $ ＿＿＿＿＿＿＿＿，$\log_3 4 \cdot \log_{16} 9 = $ ＿＿＿＿＿＿.

4. 已知函数 $y = \log_a x \,(a > 0 \text{ 且 } a \neq 1)$ 的图象经过 $(4, -2)$，$a = $ ＿＿＿＿＿＿.

二、选择题

1. 指数式 $3^4=81$ 转化成对数式正确的是(　　).

  A. $\log_3 4=81$ B. $\log_4 3=81$ C. $\log_4 81=3$ D. $\log_3 81=4$

2. 对数式 $\log_5 25=2$ 转化成指数式正确的是(　　).

  A. $5^2=25$ B. $25^2=5$ C. $2^5=25$ D. $5^3=25$

3. $5^{\log_5 12}$ 的值是(　　).

  A. 12 B. 5 C. 5^2 D. 10

4. 函数 $y=\log_a x\,(a>0$ 且 $a\neq 1)$ 在 $(0,+\infty)$ 上是增函数,则图象经过(　　)点.

  A. $(0,1)$ B. $(1,1)$ C. $(1,0)$ D. $(0,2)$

三、解答题

1. 求下列各式的值:

  (1) $\log_3 \sqrt[3]{27}$; (2) $\log_{12} 4+\log_{12} 3$; (3) $\lg 5-\lg 500$.

2. 写出下列函数的定义域:

  (1) $y=\sqrt{\log_3 (2x-1)}$; (2) $y=\dfrac{1}{\sqrt{\log_{\frac{1}{2}} (x-2)}}$; (3) $y=\log_2 (2x-3)$.

B 组　拓展练习

一、填空题

1. 函数 $y=\log_2 (x-1)$ 的定义域是_____.

2. $\log_3 \dfrac{1}{3}=$_____,　$\log_{\frac{1}{3}} 3=$_____.

3. $10^{\lg 5}=$_____,　$4^{\log_2 5}=$_____.

4. 函数 $y=\log_5 \sqrt{(x-1)}$ 的定义域是_____.

5. (2020 年宁夏) 设 $\lg 2=a$,$\lg 3=b$,则 $\lg 108=$_____.

二、选择题

1. 对数式 $\log_3 81 = 4$ 转化成指数式正确的是（　　）.

　A. $3^4 = 81$　　　　B. $81^3 = 4$　　　　C. $3^3 = 81$　　　　D. $4^3 = 81$

2. $10^{\lg 10}$ 的值是（　　）.

　A. 12　　　　B. 2　　　　C. 1　　　　D. 10

3. 计算对数式：$\log_3 3^2 = $（　　）.

　A. 3　　　　B. 2　　　　C. 6　　　　D. 9

4. 下列函数中是偶函数的是（　　），其中 $x \neq 0$.

　A. $y = \log_3 x$　　B. $y = \log_{\frac{1}{2}} x$　　C. $y = \log_3 x^2$　　D. $y = (\log_2 x)^2$

5. 下列对数式中是正数的是（　　）.

　A. $\log_{0.3} 2$　　　B. $\log_2 0.3$　　　C. $\log_{0.2} 0.3$　　　D. $\log_{\frac{1}{2}} \pi$

6.（2019 年宁夏）若 $\ln a$，$\ln b$，$\ln c$ 三个数成等差数列，则（　　）.

　A. $a + c = 2b$　　　　　　　　B. $a + b = 2c$

　C. $b^2 = ac$　　　　　　　　D. a，b，c 成等差数列

三、解答题

1. 求下列各式中的 x：

　(1) $x^{\frac{3}{4}} = 5\sqrt{5}$；　　　(2) $\log_{\frac{1}{3}} x = 2$；　　　(3) $\log_x 4 = 4$.

2. 比较 $\ln 4$ 与 $\log_4 e$ 的大小.

3. 解下列不等式：

　(1) $\log_3 (x-4) > 0$；　　　　(2) $\log_{\frac{1}{3}} (x-1) > 1$；

　(3) $\log_2 x < \log_2 2$；　　　　(4) $\log_{\frac{1}{3}} (3x+1) < \log_{\frac{1}{3}} 2$.

第 四 章
三角函数

考试内容	考点呈现	题型	分值
任意角的概念及简单应用	①正角、负角和零角的概念及通项； ②象限角和终边相同的角； ③弧度制的简单应用	选择题 填空题	3分
任意角的三角函数值和同角三角函数基本关系式	①任意角的三角函数公式的应用； ②同角三角函数基本关系及其变形应用； ③正余弦（型）函数的图象及性质	填空题 选择题 解答题	6～12分

考试内容 角的概念及弧度制，任意角的三角函数值和同角三角函数的关系式.

考点要求 掌握正角、负角、象限角、弧度制的应用，理解旋转角的形成过程；掌握任意角三角函数的计算方法，熟练应用同角三角函数的基本关系式的简单计算和证明，会分析正弦函数、余弦函数的图象及简单性质，计算最小正周期等.

第 一 节　角 的 概 念 与 弧 度 制

考点剖析 能够画出各角；能够判断第几象限角；确定始终边相同的角.

知识 小结

角的概念与弧度制

一、正负角

按逆时针方向旋转而成的角叫作正角；按顺时针方向旋转而成的角叫作负角；当射线没有旋转时，我们也把它看成一个角，叫作零角.

二、象限角

在直角坐标系中，角的顶点与坐标原点重合，角的始边与 x 轴的正半轴重合时，角的终边落在第几象限，就叫作第几象限角.

三、终边相同的角

对于每一个任意大小的角，就确定了一个与 α 终边相同的角的集合，这个集合可以表示为 $S=\{x \mid x=\alpha+k \cdot 360°,\ k\in\mathbf{Z}\}$.

四、弧度制的定义

把长度等于半径长的弧所对的圆心角叫作 1 弧度的角，弧度记作 rad.

五、角度制与弧度制互化

设一个角的弧度数为 α，角度为 $n°$，则 $\alpha=n\cdot\dfrac{\pi}{180}$，$n=\alpha\cdot\dfrac{180}{\pi}$.

常用特殊角的度数与弧度数如下表：

度	0°	30°	45°	60°	90°	180°	270°	360°
弧度	0	$\dfrac{\pi}{6}$	$\dfrac{\pi}{4}$	$\dfrac{\pi}{3}$	$\dfrac{\pi}{2}$	π	$\dfrac{3\pi}{2}$	2π

典型 例题

题型 1 例 与 300° 终边相同的角是(   ).

A. $-30°$ B. $-60°$ C. $420°$ D. $810°$

分析 与 300° 终边相同的角是 $\alpha=300°+k\cdot360°$，$k\in\mathbf{Z}$，当 $k=-1$ 时，$\alpha=-60°$.

答案 B

【随堂练习】

1. 与 $-30°$ 终边相同的角的集合是_____.

2. （2018 年宁夏）300°=_____ π.

题型 2 例 与 $\dfrac{3\pi}{4}$ 终边相同的角的集合是(   ).

A. $\left\{\alpha\middle|\alpha=\dfrac{3\pi}{4}+2k\pi,\ k\in\mathbf{Z}\right\}$ B. $\left\{\alpha\middle|\alpha=\dfrac{\pi}{4}+2k\pi,\ k\in\mathbf{Z}\right\}$

C. $\left\{\alpha\middle|\alpha=\dfrac{3\pi}{4}+k\pi,\ k\in\mathbf{Z}\right\}$ D. $\left\{\alpha\middle|\alpha=\dfrac{\pi}{4}+k\pi,\ k\in\mathbf{Z}\right\}$

分析 考查终边相同的角的集合 $S=\{x\mid x=\alpha+2k\pi,\ k\in\mathbf{Z}\}$.

答案 A

A组　基础练习

一、选择题

1. $\dfrac{2\pi}{3}$ 是第（　　）象限角.

　A. 一　　　　　　B. 二　　　　　　C. 三　　　　　　D. 四

2.（2019年宁夏）若 α 是第二象限角，则 $180^\circ + \alpha$ 是第（　　）象限角.

　A. 一　　　　B. 二　　　　C. 三　　　　D. 四

3. 下列四个角中，是第一象限角的是（　　）.

　A. -405°　　　　B. 600°　　　　C. $\dfrac{26\pi}{3}$　　　　D. $-\dfrac{23\pi}{6}$

4. 与 330° 终边相同的角是（　　）.

　A. -60°　　　　B. 420°　　　　C. -390°　　　　D. 870°

5. -150° 是第（　　）象限角.

　A. 一　　　　B. 二　　　　C. 三　　　　D. 四

二、填空题

1. 计算：$90^\circ + (-30^\circ) = $ _____．

2. 写出与下列各角终边相同的角的集合：

　（1）30°：_____；

　（2）-45°：_____．

3. 角度与弧度互化：

　（1）$30^\circ = $ _____；　　　　（2）$270^\circ = $ _____；　　　　（3）$45^\circ = $ _____；

　（4）$\dfrac{8\pi}{3} = $ _____°；　　　　（5）$\dfrac{5\pi}{4} = $ _____°．

4. 已知圆的半径为 2 cm，则弧长为 4 cm 所对的圆心角的大小为 _____弧度．

5. 写出与下列各角终边相同的角的集合：

　（1）$\dfrac{3\pi}{4}$：_____；

　（2）$-\dfrac{\pi}{3}$：_____．

第二节　任意角三角函数的定义

考点剖析 任意角三角函数的定义，判断各象限内三角函数的符号．

知识 小结

任意角
三角函数的定义

一、任意角三角函数的定义

对于每一个确定的角 α，都分别有唯一确定的正弦值、余弦值、正切值与之对应，这三个对应法则都是以角 α 为自变量的函数，分别叫作角 α 的正弦函数、余弦函数和正切函数，它们统称为三角函数．

正弦：$\sin\alpha=\dfrac{y}{r}$，余弦：$\cos\alpha=\dfrac{x}{r}$，正切：$\tan\alpha=\dfrac{y}{x}$，其中 $r=\sqrt{x^2+y^2}$．

二、三个三角函数值在各象限内的符号

记忆口诀：一全正，二正弦，三正切，四余弦（如下表）．

	第一象限	第二象限	第三象限	第四象限
$\sin\alpha$	+	+	−	−
$\cos\alpha$	+	−	−	+
$\tan\alpha$	+	−	+	−

三、特殊角的三角函数值

α	$\dfrac{\pi}{6}$	$\dfrac{\pi}{4}$	$\dfrac{\pi}{3}$	$\dfrac{\pi}{2}$
$\sin\alpha$	$\dfrac{1}{2}$	$\dfrac{\sqrt{2}}{2}$	$\dfrac{\sqrt{3}}{2}$	1
$\cos\alpha$	$\dfrac{\sqrt{3}}{2}$	$\dfrac{\sqrt{2}}{2}$	$\dfrac{1}{2}$	0
$\tan\alpha$	$\dfrac{\sqrt{3}}{3}$	1	$\sqrt{3}$	不存在

典型 例题

题型 1 例 确定下列各三角函数值的符号：

(1) $\sin\left(-\dfrac{\pi}{4}\right)$；　　(2) $\cos 250°$；　　(3) $\tan\dfrac{11\pi}{3}$.

解 (1) $\because -\dfrac{\pi}{4}$ 是第四象限角，$\therefore \sin\left(-\dfrac{\pi}{4}\right)<0$.

(2) $\because 250°$ 是第三象限角，$\therefore \cos 250°<0$.

(3) $\because \dfrac{11\pi}{3}$ 是第四象限角，$\therefore \tan\dfrac{11\pi}{3}<0$.

【随堂练习】

确定下列三角函数的符号：

(1) $\sin 110°$；　　(2) $\cos 230°$；　　(3) $\tan\dfrac{5\pi}{3}$；

(4) $\sin\left(-\dfrac{\pi}{3}\right)$；　　(5) $\cos\dfrac{16\pi}{3}$.

题型 2 例 已知角 α 的终边过点 $P(-2,3)$，求 α 的三个三角函数值.

解 $\because x=-2$，$y=3$，

$\therefore r=\sqrt{x^2+y^2}=\sqrt{4+9}=\sqrt{13}$，

$\therefore \sin\alpha=\dfrac{y}{r}=\dfrac{3}{\sqrt{13}}=\dfrac{3\sqrt{13}}{13}$，

$\cos\alpha=\dfrac{x}{r}=\dfrac{-2}{\sqrt{13}}=-\dfrac{2\sqrt{13}}{13}$，

$\tan\alpha=\dfrac{y}{x}=\dfrac{3}{-2}=-\dfrac{3}{2}$.

【随堂练习】

1. 已知角 α 的终边分别过下列各点，求 α 的三个三角函数值.

(1) $P(-1,-2)$；　　(2) $Q(1,-\sqrt{3})$；　　(3) $M(2,2)$.

2.（2018年宁夏）计算：$\sin \dfrac{3}{4}\pi + \cos \dfrac{\pi}{4} = $ _____.

3.（2019年宁夏）若角 α 的终边过点（$\sin 120°$，$\cos 120°$），则 $\sin \alpha = $ _____.

A组 基础练习

一、选择题

1. 若角 α 是第二象限角，则下列选项正确的是（　　）.

   A. $\sin \alpha > 0$　　　　B. $\sin \alpha < 0$　　　　C. $\cos \alpha > 0$　　　　D. $\tan \alpha > 0$

2. 已知角 α 在第一象限，则下列选项正确的是（　　）.

   A. $\sin \alpha < 0$　　　　B. $\sin \alpha > 0$　　　　C. $\cos \alpha < 0$　　　　D. $\tan \alpha < 0$

3. $\cos \dfrac{2\pi}{3}$（　　）.

   A. >0　　　　　　　　B. <0　　　　　　　　C. $=0$　　　　　　　　D. 无法判断

4. 下列三角函数值的符号判断正确的是（　　）.

   A. $\sin 165° < 0$　　　B. $\cos 280° < 0$　　　C. $\tan 170° < 0$　　　D. $\tan 310° > 0$

5. $\sin \dfrac{9\pi}{4} = $（　　）.

   A. $\dfrac{1}{2}$　　　　　　B. $\dfrac{\sqrt{2}}{2}$　　　　　　C. $\dfrac{\sqrt{3}}{2}$　　　　　　D. 1

二、填空题

1. 如果 $\cos \alpha$ 和 $\tan \alpha$ 同号，那么角 α 在第 _____ 象限.

2. 若角 α 的终边经过点 $P(-a, \sqrt{3}a)$，则 $\sin \alpha$ 的值为 _____.

3. 若 α 为第三象限角，则点 $P(\cos \alpha, \tan \alpha)$ 在第 _____ 象限.

4. 若 $\cos \alpha \cdot \tan \alpha < 0$，则 α 是第 _____ 象限角.

5. 若角 α 的终点过点（1，1），则 $\sin \alpha \cdot \cos \alpha = $ _____.

三、解答题

若角 α 的终边经过如下点，求 α 的三个三角函数值：

(1) $P(-3, -2)$;　　　　　　　　　(2) $Q(2, -\sqrt{3})$;

(3) $M(3, 2)$;　　　　　　　　　　(4) $N(-2, 2)$.

第三节　同角三角函数的基本关系式

考点剖析 同角三角函数基本关系式的运算.

知识 小结

同角三角函数的基本关系式：

$$\sin^2\alpha + \cos^2\alpha = 1,$$

$$\tan\alpha = \frac{\sin\alpha}{\cos\alpha}.$$

与上式等价的式子有哪些？

同角三角函数
的基本关系式

典型 例题

题型 1 **例** 已知 $\sin\alpha = \dfrac{5}{13}$，且 α 是第二象限角，求角 α 的余弦值和正切值.

分析 已知条件中给出了 $\sin\alpha$ 的值，由 $\sin^2\alpha + \cos^2\alpha = 1$ 可求得 $\cos\alpha = \pm\sqrt{1 - \sin^2\alpha}$，但 α 是第二象限的角，所以根号前的符号应取负号.

解 $\because \alpha$ 是第二象限的角，$\therefore \cos\alpha < 0$，

$$\therefore \cos\alpha = -\sqrt{1 - \sin^2\alpha} = -\frac{12}{13},$$

$$\tan\alpha = \frac{\sin\alpha}{\cos\alpha} = \frac{\dfrac{5}{13}}{-\dfrac{12}{13}} = -\frac{5}{12}.$$

题型 2 **例** 已知 $\tan\alpha = -\dfrac{4}{3}$，且 α 是第四象限角，求角 α 的正弦值和余弦值.

分析 我们把 $\sin\alpha$ 和 $\cos\alpha$ 看作是两个未知数，这样只要列出关于 $\sin\alpha$ 和 $\cos\alpha$ 的方程组，就可以求出 $\sin\alpha$ 和 $\cos\alpha$.

解 由题意和三角函数的基本关系式，可列方程组

$$\begin{cases} \sin^2\alpha + \cos^2\alpha = 1, \\ \dfrac{\sin\alpha}{\cos\alpha} = -\dfrac{4}{3}, \end{cases}$$

得 $\cos^2\alpha = \dfrac{9}{25}$，

$\because \alpha$ 是第四象限的角，$\therefore \cos\alpha = \dfrac{3}{5}$，

$\sin\alpha = \tan\alpha \cdot \cos\alpha = -\dfrac{4}{5}$.

【随堂练习】

(1) 已知 $\sin\alpha = -\dfrac{1}{2}$，且 α 是第三象限的角，求 $\cos\alpha$ 和 $\tan\alpha$ 的值.

(2) 已知 $\cos\alpha = \dfrac{3}{4}$，且 α 是第四象限的角，求 $\sin\alpha$ 和 $\tan\alpha$ 的值.

(3) (2019年宁夏) 已知 $\tan\alpha = \sqrt{3}$，且 α 是锐角，求 $\sin\alpha$ 和 $\cos\alpha$ 的值.

题型③ 例　化简：$\tan\alpha \cdot \sqrt{1-\sin^2\alpha}$（$\alpha$ 是第三象限角）.

解　∵ $\tan\alpha \cdot \sqrt{1-\sin^2\alpha} = \tan\alpha \cdot \sqrt{\cos^2\alpha} = \tan\alpha \cdot |\cos\alpha|$，

又∵ α 是第三象限角，∴ $\cos\alpha < 0$，

∴ 原式 $= \dfrac{\sin\alpha}{\cos\alpha} \cdot (-\cos\alpha) = -\sin\alpha$.

【随堂练习】

化简：$\dfrac{\sin\alpha}{\sqrt{1-\sin^2\alpha}}$（$\alpha$ 是第四象限的角）.

A 组 基础练习

一、选择题

1. 已知 $\cos\alpha = -\dfrac{3}{5}$，且 α 是第三象限角，则 $\sin\alpha = ($　　$)$.

A. $-\dfrac{4}{5}$ 　　　　B. $-\dfrac{3}{4}$ 　　　　C. $\dfrac{3}{4}$ 　　　　D. $\dfrac{4}{5}$

2. 若 $\tan \alpha = 2$，则 $\dfrac{2\sin \alpha + \cos \alpha}{\sin \alpha - \cos \alpha} = ($ 　 $)$.

    A. $-\dfrac{1}{5}$ B. $\dfrac{1}{5}$ C. -5 D. 5

3. （2021 年宁夏）已知 $\sin \alpha = \dfrac{1}{2}$，$\alpha$ 为第二象限角，则 $\cos \alpha = ($ 　 $)$.

    A. $-\dfrac{\sqrt{3}}{2}$ B. $-\dfrac{\sqrt{2}}{2}$ C. $\dfrac{1}{2}$ D. $\dfrac{\sqrt{3}}{2}$

二、填空题

1. 若 $2\sin \alpha = \cos \alpha$，则 $\sin \alpha = $ _____.

2. 已知 $\cos \alpha = \dfrac{5}{13}$，且 $\sin \alpha > 0$，则 $\sin \alpha = $ _____.

3. 若 $\tan \alpha = -\dfrac{3}{4}$，且 α 是第二象限角，则 $\cos \alpha = $ _____.

三、解答题

1. 已知 $\sin \alpha = -\dfrac{1}{5}$，且 α 是第四象限的角，求 $\cos \alpha$ 和 $\tan \alpha$ 的值.

2. 已知 $\cos \alpha = \dfrac{3}{5}$，且 α 是第一象限的角，求 $\sin \alpha$ 和 $\tan \alpha$ 的值.

3. 已知 $\tan \alpha = 3$，求 $\sin \alpha$ 和 $\cos \alpha$ 的值.

第四节　正余弦函数的图象及性质

考点剖析 正弦函数、余弦函数的最值、图象，函数 $f(x)=A\sin(\omega x+\varphi)$ 和函数 $f(x)=A\cos(\omega x+\varphi)$ 的图象及简单性质.

知识小结

正余弦函数的
图象及其性质

一、正弦函数、正弦型函数的图象和性质

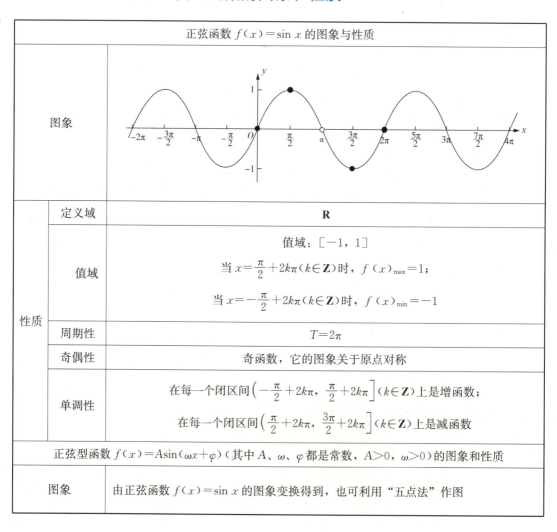

		正弦函数 $f(x)=\sin x$ 的图象与性质	
图象			
性质	定义域	**R**	
	值域	值域：$[-1,1]$ 当 $x=\dfrac{\pi}{2}+2k\pi\,(k\in\mathbf{Z})$ 时，$f(x)_{\max}=1$； 当 $x=-\dfrac{\pi}{2}+2k\pi\,(k\in\mathbf{Z})$ 时，$f(x)_{\min}=-1$	
	周期性	$T=2\pi$	
	奇偶性	奇函数，它的图象关于原点对称	
	单调性	在每一个闭区间 $\left(-\dfrac{\pi}{2}+2k\pi,\ \dfrac{\pi}{2}+2k\pi\right]\,(k\in\mathbf{Z})$ 上是增函数； 在每一个闭区间 $\left(\dfrac{\pi}{2}+2k\pi,\ \dfrac{3\pi}{2}+2k\pi\right]\,(k\in\mathbf{Z})$ 上是减函数	
正弦型函数 $f(x)=A\sin(\omega x+\varphi)$（其中 A、ω、φ 都是常数，$A>0$，$\omega>0$）的图象和性质			
图象		由正弦函数 $f(x)=\sin x$ 的图象变换得到，也可利用"五点法"作图	

二、余弦函数的图象和性质

		余弦函数 $f(x)=\cos x$ 的图象（可通过平移正弦函数图象得到）与性质		
图象		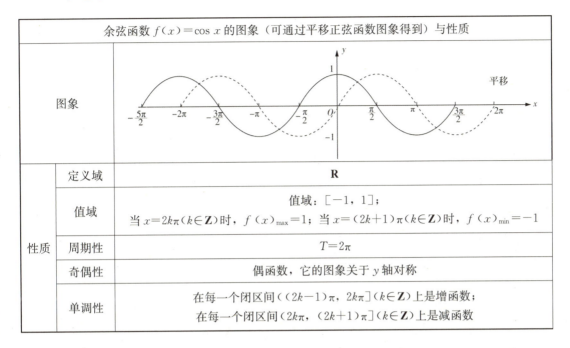		
性质	定义域	**R**		
	值域	值域：$[-1,1]$； 当 $x=2k\pi\,(k\in\mathbf{Z})$ 时，$f(x)_{\max}=1$；当 $x=(2k+1)\pi\,(k\in\mathbf{Z})$ 时，$f(x)_{\min}=-1$		
	周期性	$T=2\pi$		
	奇偶性	偶函数，它的图象关于 y 轴对称		
	单调性	在每一个闭区间 $((2k-1)\pi,2k\pi]\,(k\in\mathbf{Z})$ 上是增函数； 在每一个闭区间 $(2k\pi,(2k+1)\pi]\,(k\in\mathbf{Z})$ 上是减函数		

典型 例题

题型 1 **例** 利用三角函数的周期性和单调性，比较下列各式的大小.

(1) $\sin\dfrac{3\pi}{5}$ 和 $\sin\dfrac{4\pi}{5}$；　　　　(2) $\cos\left(-\dfrac{\pi}{4}\right)$ 和 $\cos\left(-\dfrac{\pi}{6}\right)$.

解 (1) ∵ 函数 $f(x)=\sin x$ 在 $\left[\dfrac{\pi}{2},\pi\right]$ 上是减函数，

又 $\dfrac{\pi}{2}<\dfrac{3\pi}{5}<\dfrac{4\pi}{5}<\pi$，

∴ $\sin\dfrac{3\pi}{5}>\sin\dfrac{4\pi}{5}$.

(2) 由 $\dfrac{\pi}{2}>\dfrac{\pi}{4}>\dfrac{\pi}{6}>0$，得 $-\dfrac{\pi}{2}<-\dfrac{\pi}{4}<-\dfrac{\pi}{6}<0$，

∵ 函数 $f(x)=\cos x$ 在 $\left[-\dfrac{\pi}{2},0\right]$ 上是增函数，

∴ $\cos\left(-\dfrac{\pi}{4}\right)<\cos\left(-\dfrac{\pi}{6}\right)$.

【随堂练习】

利用三角函数的周期性和单调性，比较下列各式的大小.

(1) $\sin\dfrac{\pi}{3}$ 和 $\sin\dfrac{\pi}{5}$；　　　　(2) $\cos\left(\dfrac{5\pi}{4}\right)$ 和 $\cos\left(\dfrac{5\pi}{6}\right)$；

(3) $\sin\left(-\dfrac{\pi}{6}\right)$ 和 $\sin\left(-\dfrac{\pi}{3}\right)$.

题型 ② 例 （2020 年宁夏）函数 $f(x)=\cos\left(\dfrac{1}{2}x-\dfrac{\pi}{3}\right)$ 的最小正周期是 _____.

分析 利用正（余）弦型函数周期的计算公式 $T=\dfrac{2\pi}{\omega}=\dfrac{2\pi}{\frac{1}{2}}=4\pi$.

答案 4π.

【随堂练习】

根据三角函数的周期计算公式，计算下列函数的最小正周期.

(1) $f(x)=\sin\left(2x+\dfrac{\pi}{3}\right)$；　　　　(2) $f(x)=2\sin\left(\dfrac{1}{2}x-\dfrac{\pi}{4}\right)$；

(3) $f(x)=3\cos\left(x-\dfrac{5\pi}{6}\right)$；　　　　(4) $f(x)=2\cos\left(\dfrac{x}{3}-\dfrac{\pi}{2}\right)$.

题型 ③ 例 计算函数 $f(x)=3\sin\left(\dfrac{x}{2}-\dfrac{\pi}{4}\right)$ 的最值并写出值域.

解 最大值为 3，最小值为 -3；值域是 $[-3,3]$.

【随堂练习】

写出下列函数的最值及值域：

(1) $f(x)=\cos\left(4x+\dfrac{3\pi}{5}\right)$；　　　　(2) $f(x)=3\sin\left(x+\dfrac{2\pi}{3}\right)$；

(3) $f(x)=4\cos\left(3x+\dfrac{5\pi}{4}\right)$.

A组 基础练习

一、选择题

1. 下列函数中，是奇函数的是(　　).
   A. $f(x)=\cos x$　　　　　　　　　B. $f(x)=|\cos x|$
   C. $f(x)=\sin x$　　　　　　　　　D. $f(x)=|\sin x|$

2. 下列函数中，是偶函数的是(　　).

   A. $f(x)=\cos x$　　　　　　　　　B. $f(x)=\cos\left(x+\dfrac{\pi}{3}\right)$

   C. $f(x)=\sin x$　　　　　　　　　D. $f(x)=\sin\left(x+\dfrac{\pi}{4}\right)$

二、填空题

1. 若 $f(x)=2\cos\left(x-\dfrac{\pi}{3}\right)$，则 $f\left(\dfrac{\pi}{2}\right)=$＿＿＿＿＿＿.

2. 函数 $f(x)=2\sin\left(2x+\dfrac{3\pi}{4}\right)$ 的最小正周期是＿＿＿＿＿＿，值域是＿＿＿＿＿＿.

3. 函数 $f(x)=2\cos\left(x-\dfrac{2\pi}{5}\right)$ 的最小值是＿＿＿＿＿＿，最大值是＿＿＿＿＿.

三、解答题

1. 求函数 $f(x)=2\cos\left(x-\dfrac{2\pi}{5}\right)$ 的最小正周期、最大值、最小值.

2. 利用三角函数的单调性、周期性，比较下列各式的大小.
   (1) $\sin\dfrac{2\pi}{3}$ 和 $\sin\dfrac{3\pi}{5}$；　　　　　　(2) $\cos\dfrac{5\pi}{3}$ 和 $\cos\dfrac{7\pi}{5}$.

3. 函数 $f(x)=\cos\left(x+\dfrac{\pi}{5}\right)$，在 x 取何值时取到最大值、最小值?

第 五 章

数列（选学）

考试内容	考点呈现	题型	分值
数列的定义及通项	①数列的定义及通项； ②等差数列的定义及通项； ③等比数列的定义及通项	选择题 填空题	3分
等差数列（等比数列）的求和公式及其应用	①等差数列的定义及通项公式应用； ②等比数列的定义及通项公式应用； ③掌握两类特殊数列的通项及求和公式的综合应用； ④掌握等差中项（等比中项）的灵活应用	填空题 选择题 解答题	6~9分

第 一 节　数 列 的 定 义

考点剖析　知道数列的定义；了解数列的通项及通项公式的概念；了解数列的前 n 项和的概念，了解 a_n 与 S_n 的关系；了解递推公式的概念.

知识小结

一、数列的定义

按照一定次序排列的一列数叫作数列，用 $\{a_n\}$ 表示.

二、数列的通项

数列的第 n 项 a_n 叫作数列的通项，如果数列的第 n 项 a_n 与序号 n 的

数列的定义

关系可以用一个公式表示，那么这个公式就叫作这个数列的通项公式.

三、数列的前 n 项和

$S_n = a_1 + a_2 + a_3 + \cdots + a_n$.

四、数列的前 n 项和公式

如果数列的前 n 项和 S_n 与序号 n 的关系可以用一个公式表示，那么这个公式就叫作这个数列的前 n 项和公式.

五、a_n 与 S_n 的关系

当 $n=1$ 时，$a_1 = S_1$；当 $n>1$ 时，$a_n = S_n - S_{n-1}$.

六、递推公式

如果给出数列第一项，且数列第 n 项 a_n 与 a_{n-1} 的关系可以用一个公式表示，那么这个公式就叫作这个数列的一个递推公式.

典型 例题

题型 1 例　在数列 $\{a_n\}$ 中，前 n 项和 $S_n = n^2 - 2n$，则数列的通项公式 $a_n = $ _____.

分析　$a_n = S_n - S_{n-1} = (n^2 - 2n) - [(n-1)^2 - 2(n-1)] = 2n - 3$.

答案　$2n-3$.

题型 2 例　数列 1，4，9，16，…的通项公式为（　　）.

A. $n^2 - n + 1$ 　　　　　　　B. $n^2 + 1$

C. $n^2 + 2$ 　　　　　　　　D. n^2

分析　特殊值代入法，取 $n=1$，2，3，4；对每项分别计算，得 A 选项不符；再代入 B 选项，依次推算. 故选 D.

答案　D

【随堂练习】

1. 在数列 $\{a_n\}$ 中，$a_n = n^3 - 2$，则 $a_4 = $ _____.

2. 在数列 $\{a_n\}$ 中，若前 n 项和 $S_n = n^2 - n$，则 $a_5 = $ _____.

题型 3 例　已知数列 $\{a_n\}$ 的前 n 项和 $a_n = a_{n+1} - 2$，$a_1 = 3$，求 S_5.

解　当 $n=1$ 时，$a_1 = a_2 - 2$，得 $a_2 = 5$；

当 $n=2$ 时，$a_2 = a_3 - 2$，得 $a_3 = 7$；

同理可得 $a_4 = 9$，$a_5 = 11$，$S_5 = 35$.

【随堂练习】

1. 在数列 $\{a_n\}$ 中，若前 n 项和 $S_n = 3n^2 - 5n$，则 $S_3 = $ _____.

2. 数列 2，4，6，8，…的通项公式为 $a_n=$ _____．

3. （2019 年宁夏）数列 $\frac{1}{2}$，$-\frac{1}{3}$，$\frac{1}{4}$，$-\frac{1}{5}$，…的通项公式为 $a_n=$ _____．

A组 基础练习

一、填空题

1. 数列 -1，2，5，8，11，14，17 共有 _____ 项，其中第三项是 _____．

2. 观察各组数的特点，填入适当的数：

   (1) 1，3，_____，7，9，_____，13；

   (2) 2，-2，2，-2，_____，-2，_____；

   (3) $\sqrt{3}$，$\sqrt{5}$，_____，3，$\sqrt{11}$，_____，$\sqrt{15}$．

3. 按数列的项数分类，数列 1，2，3，4，…，20 是 _____ 数列；-1，-2，-3，…是 _____ 数列．

4. 已知数列的通项公式为 $a_n=3n-n^2$，则 $a_3=$ _____．

二、选择题

1. 下列说法中正确的是（ ）．

   A. 数列 1，0，6，7，12 可表示为 $\{1,0,6,7,12\}$

   B. 每个数列的首项都是唯一的

   C. 数列 0，2，4，6，8 与数列 8，6，4，2，0 是相同数列

   D. 数列是由无限个数任意排列组成的

2. 已知数列 1，3，5，7，…，$2n+1$，…，那么它的第 11 项是（ ）．

   A. 21   B. 22   C. 23   D. 30

3. （2021 年宁夏）数列 $\{a_n\}$ 的通项 $a_n=\frac{(-1)^n}{2^n+1}$，下列各数恰在数列 $\{a_n\}$ 中的是（ ）．

   A. $-\frac{1}{5}$ B. $\frac{1}{9}$ C. $\frac{1}{65}$ D. $-\frac{1}{17}$

4. （2019 年宁夏）已知数列 $\{a_n\}$ 的首项 $a_1=1$ 且 $a_n=2a_{n-1}+1(n\geqslant 2)$，则 $a_5=$（ ）．

   A. 31   B. 30   C. 15   D. 7

三、解答题

1. 已知数列 $a_n=n^2-3n$，求数列的前 4 项和第 8 项．

2. 在数列 $\{a_n\}$ 中，$a_1 = 2$，$a_n = 2a_{n-1} - 3$，求 a_5.

B 组 / 拓展练习

一、填空题

1. 已知数列的通项公式 $a_n = \dfrac{1}{2n+3}$，则 $a_6 = $ _____.

2. 已知数列 $\dfrac{1}{1 \times 2}$，$\dfrac{1}{2 \times 3}$，$\dfrac{1}{3 \times 4}$，…的通项公式为 $a_n = $ _____.

3. 已知数列的通项公式 $a_n = 2^n - 6$，则 $a_3 - a_2 = $ _____.

4. 在数列 $\{a_n\}$ 中，若前 n 项和 $S_n = n^2 - n$，则 $a_5 = $ _____.

5. 若数列的通项公式 $a_n = 2n - 1$，则 $S_4 = $ _____.

二、选择题

1. 已知数列的通项公式 $a_n = 3n + 2$，则 $a_5 = ($ 　　$)$.
   　A. 15　　　　　　　　B. 16　　　　　　　　C. 17　　　　　　　　D. 18

2. 已知数列前 4 项分别是 4，8，16，32，则此数列的通项公式是($ 　　$).
   　A. $a_n = 2^{n+1}$　　　　B. $a_n = 2^n$　　　　C. $a_n = 2n + 2$　　　D. $a_n = 6n$

3. 在数列 $\{a_n\}$ 中，$a_1 = 3$，$a_2 = 2$，$a_{n+2} = a_{n+1} + a_n$，则 $a_6 = ($ 　　$)$.
   　A. 13　　　　　　　　B. 15　　　　　　　　C. 17　　　　　　　　D. 19

4. 在数列 $\{a_n\}$ 中，若前 n 项和 $S_n = 2n^2$，则 $a_5 = ($ 　　$)$.
   　A. 18　　　　　　　　B. 19　　　　　　　　C. 20　　　　　　　　D. 60

三、解答题

1. 已知数列的通项公式 $a_n = (-1)^n \dfrac{1}{2n+1}$，求 a_1，a_3，a_6.

2. 已知数列的通项公式 $a_n = 2n - 3$，判断 47 是该数列的第几项.

3. 在数列 $\{a_n\}$ 中，若前 n 项和 $S_n = n^2 + 3n$，求它的通项公式 a_n.

第二节 等差数列及前 n 项和公式

考点剖析 理解等差数列的定义，掌握等差数列的通项公式、前 n 项和公式及其应用.

知识小结

一、等差数列的定义

等差数列及前
n 项和公式

一般地，如果一个数列从第 2 项起，每一项与它前一项的差都等于同一个常数，这个数列就叫作等差数列，这个常数就叫作等差数列的公差（常用字母"d"表示）.

二、等差数列的通项公式

首项是 a_1，公差是 d 的等差数列 $\{a_n\}$ 的通项公式可以表示为 $a_n = a_1 + (n-1)d.$

三、等差中项

一般地，如果 a，A，b 成等差数列，那么 A 叫作 a 与 b 的等差中项，则 $A = \dfrac{a+b}{2}.$

四、等差数列的前 n 项和公式

$$S_n = \frac{n(a_1+a_n)}{2} = a_1 n + \frac{n(n-1)d}{2}.$$

【锦囊妙计】①等差数列定义：$a_{n+1} - a_n = d$，$n \in \mathbf{N}^*$；
②等差数列中任意连续三项，中间项是前后两项的等差中项.

典型例题

题型 1 例 等差数列 1，3，5，…的通项公式是_____.

分析 根据题意，数列的首项 $a_1 = 1$，公差 $d = 3 - 1 = 2$，根据等差数列的通项公式 $a_n = a_1 + (n-1)d$，得 $a_n = 1 + 2(n-1) = 2n - 1.$

答案 $a_n = 2n - 1.$

【随堂练习】

1. 等差数列 2，4，6，8，…的第 6 项是_____.

2. 已知等差数列 $\{a_n\}$ 中，$a_1 = 3$，$a_n = 21$，$d = 2$，$n =$ _____.

题型 2 例　在等差数列 $\{a_n\}$ 中，$a_2 = 6$，$a_4 = 8$，则 $a_3 = $ ＿＿＿＿＿＿＿．

　　分析　根据等差数列的定义，a_2，a_3，a_4 构成等差数列，则 a_3 是 a_2 与 a_4 的等差中项，则 $a_3 = \dfrac{a_2 + a_4}{2} = \dfrac{6 + 8}{2} = 7$．

　　答案　7．

【随堂练习】

1. 在等差数列 $\{a_n\}$ 中，$a_3 = 2$，$a_7 = 18$，则 $a_5 = $ ＿＿＿＿＿＿．

2.（2018 年宁夏）在等差数列 $\{a_n\}$ 中，$d = 2$，$a_{10} = 14$，则 $a_2 + a_4 = $ ＿＿＿＿＿＿．

题型 3 例　求和：$1 + 3 + 5 + \cdots + 99 = $ ＿＿＿＿＿＿．

　　分析　根据已知条件分析，应用等差数列的求和公式，$S_n = \dfrac{n(a_1 + a_n)}{2}$ 或 $S_n = a_1 n + \dfrac{n(n-1)d}{2}$ 两种方式都可以计算，$S_{50} = \dfrac{50 \times (1 + 99)}{2} = 50 \times 50 = 2\,500$．

　　答案　2 500．

【随堂练习】

1. $2 + 4 + 6 + \cdots + 98 = $ ＿＿＿＿＿＿．

2. 在 1，4，7，$\cdots$ 中，第 5 项到第 10 项的和是 ＿＿＿＿＿＿．

A组　基础练习

一、填空题

1. 等差数列 1，4，7，10，$\cdots$ 中的第 24 项是 ＿＿＿＿＿＿．

2. 等差数列 -2，-4，-6，$\cdots$ 的通项 $a_n = $ ＿＿＿＿＿＿．

3. 等差数列 -2，-6，-10，-14，$\cdots$ 的通项 $a_n = $ ＿＿＿＿＿＿．

4. 等差数列 7，10，13，$\cdots$ 中，$a_n = 100$，则 $n = $ ＿＿＿＿＿＿．

二、选择题

1. 在等差数列 $\{a_n\}$ 中，第 9 项是 12，公差是 -3，它的首项是（　　）．
　A. 72　　　　　　B. 24　　　　　　C. 36　　　　　　D. 32

2. 数列 1，3，5，$\cdots$，$2n+1$ 的项数是（　　）．
　A. $2n-1$　　　　B. $2n+1$　　　　C. n　　　　　　D. $n+1$

3. 等差数列 -4，-3，-2，$\cdots$ 的前 16 项和是（　　）．
　A. 66　　　　　　B. 56　　　　　　C. -56　　　　　D. -66

4. 在等差数列 $\{a_n\}$ 中，$a_3 = 7$，$a_5 = 9$，则 $a_4 = $（　　）．
　A. 8　　　　　　B. -8　　　　　C. 6　　　　　　D. -6

三、解答题

1. 在等差数列 $\{a_n\}$ 中，$a_4 = -6$，$a_9 = -11$，求 a_{10}.

2. 在等差数列 $\{a_n\}$ 中，$a_3 = 12$，$a_9 = 48$，求前 9 项和 S_9.

3. 等差数列 $\{a_n\}$ 中，$a_4 = 10$，$a_5 = 6$，求前 10 项和 S_{10} 和公差 d.

4. 等差数列 -5，-9，-13，…的第几项是 -401？

B 组 拓展练习

一、填空题

1. 等差数列 $\{a_n\}$ 中，$a_1 = 1$，$a_{n+1} - a_n = \dfrac{1}{3}$，则 $a_{301} =$ _____.

2. 已知等差数列 $\{a_n\}$ 中，首项 $a_1 = 4$，公差 $d = -2$，则前 6 项和 $S_6 =$ _____.

3. 已知等差数列 $\{a_n\}$ 中，公差 $d = -3$，前 4 项的和 9，这个数列的首项 $a_1 =$ _____.

二、选择题

1. 在等差数列 $\{a_n\}$ 中，$a_n = 3n - 2$，则 $S_{12} =$ (   ).

    A. 420   B. 210   C. 108   D. 340

2. 数列 $\{a_n\}$ 中，$a_1=3$，且 $3a_{n+1}-3a_n=2$，则 $S_{10}=$（　　）.

A. 60　　　　　　B. 72　　　　　　C. 120　　　　　　D. 81

3. 在等差数列 $\{a_n\}$ 中，$a_4-a_3=5$，则 $a_5-a_4=$（　　）.

A. 20　　　　　　B. 10　　　　　　C. 5　　　　　　D. 25

4. 在等差数列 $\{a_n\}$ 中，$a_5=4$，$a_8=13$，则 $a_6=$（　　）.

A. 6　　　　　　B. 8　　　　　　C. 4　　　　　　D. 7

5. 在等差数列 $\{a_n\}$ 中，$a_1=2$，$a_3=10$，则公差 $d=$（　　）.

A. 3　　　　　　B. 4　　　　　　C. 5　　　　　　D. 8

三、解答题

1. 写出等差数列 3，6，9，12，…的通项公式.

2. 在等差数列 $\{a_n\}$ 中，$a_3=4$，$a_5=8$，求 a_4.

3. 在等差数列 $\{a_n\}$ 中，$a_1=3$，$a_6=93$，求 S_9.

4. 在等差数列 $\{a_n\}$ 中，$a_4=10$，$a_8=22$，求 a_{10}.

第三节　等比数列及前 n 项和公式

考点剖析 理解等比数列的定义，掌握等比数列的通项公式及前 n 项和公式.

知识小结

一、等比数列的定义

一般地，如果一个数列从第 2 项起，每一项与它前一项的比都等于同一个常数，则这个数列叫作等比数列，这个常数就叫作等比数列的公比，公比通常用字母 q 表示.（各项均不为零，且 $q \neq 0$）

等比数列及前
n 项和公式

二、等比数列的通项公式

首项是 a_1，公比是 q 的等比数列 $\{a_n\}$ 的通项公式可以表示为

$$a_n = a_1 q^{n-1}.$$

三、等比中项

一般地，如果 a，G，b 成等比数列，那么 G 叫作 a 与 b 的等比中项，则

$$G^2 = ab,$$

即

$$G^2 = \pm\sqrt{ab}.$$

容易看出，一个等比数列从第 2 项起，每一项（有穷等比数列的末项除外）都是它的前一项与后一项的等比中项.

四、等比数列的前 n 项和公式

当 $q \neq 1$ 时，$S_n = \dfrac{a_1(1-q^n)}{1-q}$；

当 $q = 1$ 时，$S_n = na_1$.

【锦囊妙计】

①等比数列的任意项均不为零，$\dfrac{a_{n+1}}{a_n} = q$，$n \in \mathbf{N}^*$；

②关注等比数列的前 n 项和公式的应用条件.

典型 例题

题型 1 例 等比数列 $1, 2, 4, \cdots, 2^{62}, 2^{63}$ 的通项公式是_____.

分析 根据已知，数列的首项 $a_1 = 1$，公比 $q = \dfrac{2}{1} = 2$，根据等比数列的通项公式 $a_n = a_1 q^{n-1}$，得 $a_n = 1 \times 2^{n-1} = 2^{n-1}$.

答案 $a_n = 2^{n-1}$.

【随堂练习】

1. 等比数列 $1, \sqrt{2}, 2, 2\sqrt{2}, \cdots$ 的第 6 项是_____.

2. 等比数列 $\sqrt{2}, 1, \dfrac{\sqrt{2}}{2}, \cdots$ 的第 4 项是_____，第 8 项是_____.

题型 2 例 在等比数列 $\{a_n\}$ 中，$a_2 = 4$，$a_6 = 16$，则 $a_4 =$ _____.

分析 根据等比数列的定义，a_2, a_4, a_6 构成等比数列，则 a_4 是 a_2 与 a_6 的等比中项，则 $a_4 = \pm\sqrt{a_2 a_6} = \pm\sqrt{4 \times 16} = \pm 8$.

答案 ± 8.

【随堂练习】

在等比数列 $\{a_n\}$ 中，$a_3 = 2$，$a_5 = 18$，则 $a_4 =$ _____.

题型 3 例 在等比数列 $\{a_n\}$ 中，$a_3 = 2\dfrac{1}{2}$，$S_3 = 7\dfrac{1}{2}$，求公比 q.

解 根据已知条件分析，不确定数列的公比 q 是否等于 1，因此，不能贸然应用公式 $S_n = \dfrac{a_1(1-q^n)}{1-q}$. 可以应用等比数列的通项公式 $a_n = a_1 q^{n-1}$ 与前 n 项和公式 $S_3 = a_1 + a_1 q + a_1 q^2$，代入可得
$$\begin{cases} a_3 = a_1 q^2 = 2\dfrac{1}{2}, \\ S_3 = a_1 + a_1 q + a_1 q^2 = 7\dfrac{1}{2}, \end{cases}$$

解得 $\begin{cases} a_1 = \dfrac{5}{2}, \\ q = 1, \end{cases}$ 或 $\begin{cases} a_1 = 10, \\ q = -\dfrac{1}{2}. \end{cases}$

【随堂练习】

1. 在等比数列 $\{a_n\}$ 中，$a_1 = 3$，$S_3 = 243$，则 $q =$ _____.

2. 在等比数列 $\{a_n\}$ 中，$a_1 = \dfrac{1}{2}$，$a_3 = \dfrac{1}{64}$，则 $S_3 =$ _____.

A组 基础练习

一、填空题

1. 首项为 5，末项为 160，公比为 2 的等比数列共有_____项.

2. 等比数列 1，$\sqrt{3}$，3，$3\sqrt{3}$，$\cdots$ 的第 6 项是_____.

3. 等比数列 2，6，18，54，$\cdots$ 的通项是_____.

4. 等比数列 1，$\sqrt{5}$，5，$5\sqrt{5}$，$\cdots$ 的前 6 项和是_____.

二、选择题

1. 在等比数列 $\{a_n\}$ 中，第 9 项是 $\dfrac{4}{9}$，公比是 $-\dfrac{1}{3}$，它的第 1 项是（　　）.

    A. 729　　　　　　B. 2 916　　　　　　C. 6 561　　　　　　D. 324

2. 20，50，100 三个数分别加上相同的常数，使这三个数依次成等比数列，它的公比 $q=$（　　）.

    A. $\dfrac{5}{3}$　　　　　　B. $\dfrac{3}{5}$　　　　　　C. $-\dfrac{5}{3}$　　　　　　D. $\dfrac{2}{5}$

3. 等比数列 $\dfrac{1}{2}$，$\dfrac{1}{4}$，$\dfrac{1}{8}$，$\cdots$ 的前 10 项的和是（　　）.

    A. $\dfrac{1}{1\,023}$　　　　B. $\dfrac{1}{1\,024}$　　　　C. $\dfrac{1\,023}{1\,024}$　　　　D. $-\dfrac{1\,023}{1\,024}$

4. 设 $\sqrt{3}$，$a-1$，$3\sqrt{3}$ 成等比数列，则 $a=$（　　）.

    A. 3　　　　　　B. -3　　　　　　C. 3 或 -3　　　　　　D. 4 或 -2

5. 在等比数列 $\{a_n\}$ 中，$a_1=2$，$S_5=242$，$q=$（　　）.

    A. 2　　　　　　B. 3　　　　　　C. 4　　　　　　D. 5

三、解答题

1. 在等比数列 $\{a_n\}$ 中，$a_4=3$，$a_9=96$，求 a_{11}.

2. 在等比数列 $\{a_n\}$ 中，$a_6=6$，$a_9=48$，求前 9 项和 S_9.

3. 等比数列 $\{a_n\}$ 前 3 项的和等于 7，积等于 8，求此数列的通项公式.

4. 将 2，5，11 各加上相同的常数组成一个等比数列，求其公比 q.

B组　拓展练习

一、填空题

1. 已知数列 $\{a_n\}$ 为等比数列，$\dfrac{a_6}{a_4}=8$，$a_2=6$，则 $a_5=$ _____.

2. 已知等比数列 $\{a_n\}$ 中，首项 $a_1=4$，公比为 q，且 $q^2=9$，则前 4 项和 $S_4=$ _____.

3. 已知等比数列 $\{a_n\}$ 中，公比 $q=-\dfrac{1}{3}$，前 4 项的和 $\dfrac{5}{9}$，这个数列的首项 $a_1=$ _____.

4. 在数列 $\{a_n\}$ 中，$2a_{n+1}+a_n=0(n\geqslant1)$，且 $a_1=2$，则 $S_5=$ _____.

5. （2021年宁夏）在等比数列 $\{a_n\}$ 中，已知 $3S_3=a_4-2$，$3S_2=a_3-2$，则公比 $q=$ _____.

二、选择题

1. 在等比数列 $\{a_n\}$ 中，首项 $a_1=\dfrac{1}{9}$，$a_4=3$，则该数列的前 5 项之积是（　　）.

　A. 1　　　　　　　B. ±1　　　　　　C. 3　　　　　　D. ±3

2. a，b，c，d 构成公比为 2 的等比数列，则 $\dfrac{2a+b}{2c+d}=$（　　）.

　A. 1　　　　　　　B. $\dfrac{1}{8}$　　　　　C. $\dfrac{1}{4}$　　　　D. $\dfrac{1}{2}$

3. 在等比数列 $\{a_n\}$ 中，$a_3a_4=5$，则 $a_1a_2a_5a_6=$（　　）.
　A. -10　　　　　B. 10　　　　　　　C. -25　　　　　D. 25

4. 在等比数列 $\{a_n\}$ 中，$a_5=4$，$a_{11}=32$，则 $a_6=$（　　）.
　A. $4\sqrt{2}$　　　　　B. $8\sqrt{2}$　　　　　C. $\pm4\sqrt{2}$　　　　D. $\pm8\sqrt{2}$

5. 在等比数列 $\{a_n\}$ 中，$a_1=2$，$S_3=26$，则公比 $q=$（　　）.
　A. -3　　　　　B. -4　　　　　C. -3 或 -4　　　D. 3 或 -4

三、解答题

1. 写出等比数列 3，12，48，192，…的通项公式.

2. 在等比数列 $\{a_n\}$ 中，$a_3=8$，$a_5=2$，求 a_4.

3. 在等比数列 $\{a_n\}$ 中，$a_1=3$，$a_6=96$，求 S_3.

4. 在等比数列 $\{a_n\}$ 中，$a_1=\dfrac{2}{3}$，$a_2 \cdot a_3=-12$，求公比 q.

5. 在等比数列 $\{a_n\}$ 中，$a_1 a_2 a_3=-8$，求 a_2.

第 六 章

直线与圆的方程

考试内容	考点呈现	题型	分值
两点间距离公式及中点坐标公式	①两点间的距离公式； ②线段中点的坐标公式，并能应用于对称问题	选择题 填空题 解答题	3～7分
直线的方程	①理解直线的倾斜角、斜率、截距等概念，会求直线的斜率； ②直线的点斜式方程、斜截式方程和一般式方程，能够根据条件求出直线的方程	选择题 填空题 解答题	3～7分
两条直线的位置关系	①求两条相交直线的交点，了解两条直线夹角的含义； ②理解两条直线平行和垂直的条件，能根据直线的方程判断两条直线的位置关系	选择题 填空题 解答题	3～7分
点到直线的距离	会求点到直线的距离及两条平行线之间的距离	选择题 填空题 解答题	3～7分
圆的方程	①掌握圆的标准方程，理解确定圆的条件，能根据条件求出圆的标准方程； ②了解圆的一般方程的特点，会利用一般方程求出圆心坐标和半径	选择题 填空题 解答题	3～14分
直线与圆的位置关系	理解直线与圆的位置关系的判定，会求圆的切线方程和相交弦长	选择题 填空题 解答题	3～14分

考试内容 距离公式和中点公式；直线的倾斜角和斜率；直线的点斜式、斜截式、一般式方程，两直线的交点；两直线平行、垂直的条件；点到直线的距离公式；圆的标准方程、圆的一般方程；直线与圆的位置关系及其应用.

数轴上及平面直角坐标系中的距离公式和中点公式；理解直线的倾斜角和斜率的概念；会写直线的点斜式、斜截式、一般式方程，会求两直线的交点；掌握两直线平行、垂直的条件并应用解决问题；会应用点到直线的距离公式；掌握圆的标准方程、圆的一般方程并能应用解决问题；掌握直线与圆的位置关系及其应用问题.

第一节　平面内两点的距离公式和中点公式

考点剖析　掌握中点公式和两点间的距离公式，并应用这两个公式解决有关问题.

平面内两点的距
离公式和中点公式

知识小结

两点间距离公式	设 $P_1(x_1, y_1)$，$P_2(x_2, y_2)$，则 $|P_1P_2| = \sqrt{(x_2-x_1)^2+(y_2-y_1)^2}$
中点坐标公式	设 $P_1(x_1, y_1)$，$P_2(x_2, y_2)$，$P(x, y)$ 为线段 P_1P_2 的中点，则 $x=\dfrac{x_1+x_2}{2}$，$y=\dfrac{y_1+y_2}{2}$

典型例题

题型 1　**例**　已知 $A(-1, 2)$，$B(2, -3)$，求 A，B 两点间的距离.

解　$|AB| = \sqrt{(2+1)^2+(-3-2)^2} = \sqrt{34}$.

题型 2　**例**　已知 $A(-5, 3)$，$B(3, 1)$，则线段 AB 中点的坐标为（　　）.

A. $(4, -1)$　　　　　　　　　　B. $(-4, 1)$

C. $(-2, 4)$　　　　　　　　　　D. $(-1, 2)$

分析　根据中点坐标公式 $x=\dfrac{-5+3}{2}=-1$，$y=\dfrac{3+1}{2}=2$，故线段 AB 中点的坐标是 $(-1, 2)$. 故选 D.

答案　D

【随堂练习】

已知 $A(-2, -3)$，$B(2, -1)$，则线段 AB 的中点坐标为＿＿＿＿＿＿，两点间的距离是＿＿＿＿＿.

题型 3　**例**　已知 $A(-3, 2)$，在 y 轴上求一点，使它与 A 点的距离为 5.

解　设在 y 轴上所求的点的坐标为 $(0, b)$，则 $\sqrt{(-3-0)^2+(2-b)^2}=5$.

两边平方得 $9+(2-b)^2=25$，即 $2-b=\pm4$，

解得 $b=-2$ 或 $b=6$.

故所求点为 $(0，-2)$ 或 $(0，6)$.

题型 4 **例** 已知△ABC 的顶点坐标分别为 $A(3，1)$，$B(7，2)$，$C(-3，6)$，求中线 AD 的长.

解 设点 D 的坐标为 $(x_1，y_1)$，则

$$x_1=\frac{7-3}{2}=2，\quad y_1=\frac{2+6}{2}=4.$$

所以 $|AD|=\sqrt{(3-2)^2+(1-4)^2}=\sqrt{10}$，

故中线 AD 的长是 $\sqrt{10}$.

【随堂练习】

1. 连接两点 $A_1(1，y)$，$A_2(x，5)$ 的线段中点是 $A(3，1)$，则 $x=$＿＿＿＿＿＿，$y=$＿＿＿＿＿＿.

2. （2019 年宁夏）已知线段 AB 的中点坐标是 $(-2，-3)$，点 $B(2，-1)$，则 A 点坐标是＿＿＿＿＿＿.

A组 基础练习

一、填空题

1. 已知点 $A(1，-5)$ 和 $B(1，3)$，则 A，B 两点间的距离为＿＿＿＿＿＿.

2. 数轴上 A，B 两点间的距离是 4，点 A 的坐标是 2，则点 B 的坐标是＿＿＿＿＿.

二、选择题

1. 点 $P(-5，4)$ 和点 $Q(3，-2)$ 之间的距离是（　　）.

    A. 10   B. $2\sqrt{10}$ C. $2\sqrt{2}$ D. 14

2. 连接 $M(2，6)$，$N(8，2)$ 的线段的中点坐标是（　　）.

    A. $(2，-1)$ B. $(-2，1)$ C. $(5，4)$ D. $(2，4)$

B组 拓展练习

一、填空题

1. 连接点 $N(-3，5)$ 和点 M 的线段的中点是 $P(2，0)$，则点 M 的坐标是＿＿＿＿.

2. 已知点 $A(-2，4)$，$B(5，y)$，若 AB 的中点在 x 轴上，则 $y=$＿＿＿＿＿＿.

二、选择题

1. 如果 $A(3，2)$ 与 $B(a，5)$ 之间的距离为 5，那么 a 的值是（   ）.
   A. -1 B. 7 C. -7 D. -1 或 7

2. 点（$-1，2$）关于原点的对称点坐标是（   ）.
   A. $(1，-2)$ B. $(-1，-2)$ C. $(-1，2)$ D. $(2，1)$

三、解答题

1. 在 x 轴上求一点，使它与点 $A(-1，3)$ 的距离等于 5，求该点的坐标.

2. 已知平行四边形 $ABCD$ 的三个顶点 $A(-3，4)$，$B(-2，1)$，$C(1，6)$. 求：
   （1）对角线 AC 的中点坐标；（2）顶点 D 的坐标.

3. 已知梯形 $ABCD$ 的四个顶点的坐标分别是 $A(0，0)$，$B(8，0)$，$C(6，4)$，$D(2，4)$，
   求它的中位线的长.

第二节　直线的方程

考点剖析

1. 理解直线的倾斜角和斜率的概念，会求直线的倾斜角和斜率.
2. 会根据有关条件求直线的方程.

直线的方程

 知识 **小结**

直线的倾斜角和斜率	在平面直角坐标系中，直线 l 向上的方向与 x 轴的正方向所成的最小正角，叫作直线 l 的倾斜角； 直线的倾斜角 α 的取值范围是 $0° \leqslant \alpha < 180°$
	斜率 $k = \tan \alpha$（倾斜角等于 $90°$ 的直线的斜率不存在），设 $P_1(x_1,y_1)$，$P_2(x_2,y_2)$，则 $k = \dfrac{y_2 - y_1}{x_2 - x_1}$（$x_2 \neq x_1$）
直线方程	点斜式方程：已知直线 l 的斜率是 k，并且经过点 $P_1(x_1,y_1)$，则直线方程为 $y - y_1 = k(x - x_1)$
	斜截式方程：已知直线 l 的斜率是 k，在 y 轴上的截距是 b，则直线方程为 $y = kx + b$
	一般式方程：设 A，B 不同时为零，则直线方程为 $Ax + By + C = 0$
	特殊位置的直线方程： 若直线垂直于 x 轴，且过点 $P_1(x_1,y_1)$，则直线方程为 $x = x_1$； 若直线平行于 x 轴，且过点 $P_1(x_1,y_1)$，则直线方程为 $y = y_1$

典型 **例题**

题型① **例** 已知 $M(3，-4)$，$N(-5，4)$，求直线 MN 的斜率和倾斜角.

解 直线 MN 的斜率 $k = \dfrac{y_2 - y_1}{x_2 - x_1} = \dfrac{4 - (-4)}{-5 - 3} = -1$，

即 $\tan \alpha = -1$，

$\because 0° \leqslant \alpha < 180°$，

$\therefore \alpha = 135°$，

故直线 MN 的斜率为 -1，倾斜角为 $135°$.

题型 2 **例** 若直线 l 的倾斜角为 $120°$，且该直线过点 $(2，b)$ 和 $(-1，0)$，则 b 的值是(　　).

A. $\sqrt{3}$　　　　　B. $-\sqrt{3}$　　　　　C. $3\sqrt{3}$　　　　　D. $-3\sqrt{3}$

分析 已知直线 l 的倾斜角为 $120°$，所以它的斜率为 $k=\tan 120°=-\sqrt{3}$.

即 $k=\dfrac{y_2-y_1}{x_2-x_1}=\dfrac{0-b}{-1-2}=-\sqrt{3}$，

$\therefore b=-3\sqrt{3}$.

答案 D

【随堂练习】

1. 已知直线 l 经过 $P_1(-3，4)$，$P_2(-2，1)$ 两点，求直线 l 的斜率.

2. 已知直线 l 的斜率是 -2，在 y 轴上的截距是 3，求直线 l 的一般式方程.

题型 3 **例** 已知直线的倾斜角为 $\dfrac{3\pi}{4}$，且经过点 $(-2，0)$，求这条直线的方程.

解 已知直线的倾斜角为 $\dfrac{3\pi}{4}$，则斜率 $k=\tan\dfrac{3\pi}{4}=-\tan\dfrac{\pi}{4}=-1$，

故直线方程为 $y-0=-1(x+2)$，

即 $x+y+2=0$.

题型 4 **例** 直线 l 经过 $P_1(-1，3)$，$P_2(2，-3)$ 两点，求直线 l 的方程.

解 由于直线 l 经过 $P_1(-1，3)$，$P_2(2，-3)$ 两点，

所以其斜率为 $k=\dfrac{y_2-y_1}{x_2-x_1}=\dfrac{-3-3}{2-(-1)}=-2$；

将点 $P_1(-1，3)$ 的坐标和 $k=-2$ 代入点斜式方程，得 $y-3=-2(x+1)$；

整理后，得直线的方程为 $2x+y-1=0$.

【随堂练习】

1. 直线 l 经过 $P_1(-2，1)$，$P_2(-1，3)$ 两点，求直线 l 的方程.

2. 已知直线 l 在 x 轴和 y 轴上的截距分别是 -1 和 2，求直线 l 的一般式方程.

A组 / 基础练习

一、填空题

1. 设 α 是直线 $y=-x+2$ 的倾斜角，则 $\alpha=$＿＿＿＿＿＿.

2. （2021年宁夏）$P(a，1)$ 在直线 $y=2x+3$ 上，则 $a=$＿＿＿＿＿＿.

二、选择题

1. 已知 $A(2，-2)$，$B(3，1)$，则直线 AB 的斜率为（   ）.

   A. 3   B. $\dfrac{1}{3}$ C. -3 D. $-\dfrac{1}{3}$

三、解答题

1. 求过点 $(0，0)$ 和 $(1，-3)$ 的直线方程（化成一般式）.

B组 / 拓展练习

一、填空题

1. 经过点 $A(m，-1)$ 和点 $B(4，2)$ 的直线的倾斜角是 $\dfrac{\pi}{4}$，则 $m=$＿＿＿＿＿＿，该直线在 y 轴上的截距为＿＿＿＿＿＿.

2. 倾斜角为 $60°$，在 x 轴上的截距为 $-\dfrac{\sqrt{3}}{3}$ 的直线的一般式方程为＿＿＿＿＿＿＿＿.

二、选择题

1. 下列说法正确的是（   ）.
   A. 直线斜率不可能为 0   B. 直线的倾斜角不可能为 $90°$
   C. 任何直线的斜率总是存在的   D. 任何直线的倾斜角总是存在的

2. 直线 $x-\sqrt{3}y+1=0$ 的倾斜角是（   ）.

   A. $\dfrac{\pi}{6}$ B. $\dfrac{\pi}{3}$ C. $\dfrac{2\pi}{3}$ D. $\dfrac{5\pi}{6}$

3. （2019 年宁夏）过点 $(2，-1)$，且倾斜角为 $\dfrac{\pi}{4}$ 的直线方程是（　　）.

    A. $x-y-3=0$ B. $x+y-3=0$

    C. $2x-y=0$ D. $x-2y=0$

三、解答题

1. 求过点 $(3，1)$ 和 $(0，-2)$ 的直线方程（化成一般式）.

2. 根据下列条件，写出直线的一般式方程.

    （1）斜率是 $-\dfrac{1}{2}$，经过点 $A(6，-2)$；

    （2）经过点 $A(4，-2)$，且平行于 x 轴；

    （3）在 x 轴和 y 轴上的截距分别是 2 和 -3.

3. $\triangle ABC$ 的三个顶点是 $A(2，3)$，$B(-2，3)$，$C(0，-1)$，求 BC 边上中线所在的直线方程.

第三节　两条直线的位置关系

考点剖析 了解求两条直线交点的方法；理解两条直线平行的条件，能运用它解决有关问题；理解两条直线垂直的条件，能运用它解决有关问题.

两条直线的
位置关系

知识 小结

两条直线的交点	求两条直线 l_1：$A_1x+B_1y+C_1=0$ 与 l_2：$A_2x+B_2y+C_2=0$ 的交点，就是解方程组 $\begin{cases} A_1x+B_1y+C_1=0, \\ A_2x+B_2y+C_2=0 \end{cases}$
两条直线平行	当两条直线斜率存在且不重合时，如果它们平行，那么它们的斜率相等；反之，如果它们的斜率相等，那么它们平行. 即 $l_1 /\!/ l_2 \Leftrightarrow k_1=k_2$ （当两条不重合的直线的斜率都不存在时，它们的倾斜角是 90°，此时，它们都垂直于 x 轴，因此这两条直线也是平行的）
两条直线垂直	当两条直线斜率都存在时，如果它们互相垂直，那么它们的斜率互为负倒数；反之，如果它们的斜率互为负倒数，那么它们互相垂直. 即 $l_1 \perp l_2 \Leftrightarrow k_1=-\dfrac{1}{k_2}$. 如果一条直线斜率不存在，而另一直线斜率为零时，那么这两条直线互相垂直

典型 例题

题型① **例** 过直线 $3x+2y+1=0$ 与 $2x-3y+5=0$ 的交点，且斜率 $k=3$ 的直线方程是_____.

分析 先求出直线 $3x+2y+1=0$ 与 $2x-3y+5=0$ 的交点，再用点斜式写出直线方程.

解方程组 $\begin{cases} 3x+2y+1=0, \\ 2x-3y+5=0, \end{cases}$ 解得：$\begin{cases} x=-1, \\ y=1, \end{cases}$ 所以两直线的交点为 $(-1，1)$.

则过点 $(-1，1)$，斜率 $k=3$ 的直线方程为 $y-1=3(x+1)$，

故所求直线的方程为 $3x-y+4=0$.

答案 $3x-y+4=0$.

题型 2 **例** 已知点 $A(1，2)$，$B(3，-4)$，求线段 AB 的垂直平分线的方程.

解 已知点 $A(1，2)$，$B(3，-4)$，则 AB 的中点坐标为 $(2，-1)$，

直线 AB 的斜率为 $k_{AB}=\dfrac{-4-2}{3-1}=-3$，

所以线段 AB 垂线的斜率为 $\dfrac{-1}{-3}=\dfrac{1}{3}$，

则线段 AB 的垂直平分线的方程为 $y+1=\dfrac{1}{3}(x-2)$，即 $x-3y-5=0$.

【随堂练习】

1. 已知点 $A(-3，2)$，$B(-1，-4)$，求线段 AB 的垂直平分线的方程.

2.（2021 年宁夏）写出过点 $(0，1)$ 与已知直线 $y=2x+3$ 平行的直线方程.

3.（2020 年宁夏）直线 $4x+3y-5=0$ 与直线 $8x+6y+1=0$ 的位置关系是_____.

题型 3 **例** 已知直线 $x+3y-3=0$ 与 $2x+ky+5=0$ 平行，则 k 的值是（　　）.

A. 0   B. 3   C. 4   D. 6

分析 ∵直线 $x+3y-3=0$ 与 $2x+ky+5=0$ 平行，

∴它们的斜率相等.

又∵直线 $x+3y-3=0$ 的斜率为 $-\dfrac{1}{3}$，$2x+ky+5=0$ 的斜率为 $-\dfrac{2}{k}$.

∴$-\dfrac{1}{3}=-\dfrac{2}{k}$，

∴$k=6$.

答案 D

题型 4 **例** 求过点 $A(-2，1)$，且垂直于直线 $2x+y-1=0$ 的直线方程.

解法 1 ∵直线 $2x+y-1=0$ 的斜率是 -2，而所求的直线与已知直线垂直，

∴所求的直线斜率是 $\dfrac{1}{2}$，

∴根据直线方程的点斜式，所求直线方程为 $y-1=\dfrac{1}{2}(x+2)$，

整理，得 $x-2y+4=0$.

解法 2 （用求曲线方程的方法）

设 $N(x, y)$ 是所求直线上任意一点，由条件知 $\dfrac{1}{2} = \dfrac{y-1}{x+2}$，

化为 $2(y-1)-(x+2)=0$，

整理，得 $x-2y+4=0$.

解法 3 （用待定系数法）

设所求直线方程为 $x-2y+m=0$，

$\because A(-2, 1)$ 是所求直线上的一点，将 $A(-2, 1)$ 代入，得 $-2-2+m=0$.

$\therefore m=4$，

因此，所求直线方程为 $x-2y+4=0$.

【随堂练习】

1. 如果直线 $ax-3y+2=0$ 和 $3x-y+4=0$ 垂直，那么 $a=($　　　$)$.

    A. 0   B. 1   C. -1 D. 2

2. （2020年宁夏）直线 l_1 的倾斜角为 $30°$，直线 $l_1 \perp l_2$，则直线 l_2 的斜率为$($　　　$)$.

    A. $\sqrt{3}$ B. $-\sqrt{3}$ C. $\dfrac{\sqrt{3}}{3}$ D. $-\dfrac{\sqrt{3}}{3}$

A组　基础练习

一、填空题

1. 直线 $ax+2y-3=0$ 和直线 $3x-4y-6=0$ 平行，则 $a=$＿＿＿＿＿＿＿＿＿.

2. 直线 $2x-3y+1=0$ 与直线 $4x-6y+2=0$ 的位置关系是＿＿＿＿＿＿＿＿.

3. 过点 $(2, 3)$，且平行于直线 $x-4=0$ 的直线方程为＿＿＿＿＿＿＿＿＿＿＿.

二、选择题

1. 过点 $(1, 2)$ 且与直线 $2x+y-1=0$ 平行的直线方程为$($　　　$)$.

    A. $2x+y-5=0$ B. $2y-x-3=0$

    C. $2x+y-4=0$ D. $2x-y=0$

B组　拓展练习

一、填空题

1. 过点 $(2, 3)$，且平行于直线 $2x+2y-5=0$ 的直线方程为＿＿＿＿＿＿＿＿.

2. 过点 $(2, 3)$，且垂直于直线 $2x+2y-5=0$ 的直线方程为＿＿＿＿＿＿＿＿.

3. 过点 $(2, 3)$，且垂直于直线 $x-4=0$ 的直线方程为＿＿＿＿＿＿＿＿＿.

二、选择题

1. 连接点 $A(1，3)$，$B(7，2)$ 的直线与直线 l：$8x-21y+32=0$ 交于点 P，则点 P 的坐标为（　　）.

　　A. $(-4，0)$　　　　B. $(9，5)$　　　　C. $\left(3，\dfrac{8}{3}\right)$　　　　D. $\left(\dfrac{8}{3}，3\right)$

2. 过点 $(1，1)$ 且与直线 $2x+4y-1=0$ 垂直的直线方程为（　　）.

　　A. $2x-y-1=0$　　B. $2y-x-3=0$　　C. $x+2y-3=0$　　D. $x-2y+1=0$

3. 过原点且垂直于直线 $y=-\sqrt{2}x+1$ 的直线方程是（　　）.

　　A. $y=\dfrac{\sqrt{2}}{2}x$　　　　B. $y=-\dfrac{\sqrt{2}}{2}x$　　　　C. $y=-\sqrt{2}x$　　　　D. $y=\sqrt{2}x$

三、解答题

1. 已知 $M(2，2)$，$N(6，-2)$，求线段 MN 的垂直平分线的方程.

2. 已知直线 $y=3x+1$ 与直线 $mx+ny+2=0$ 重合，求 m 与 n 的值.

3. 直线 l_1：$ax-y+3=0$ 垂直于直线 l_2：$2x+3y+c=0$，垂足为 $(-2，m)$，试求 a，c，m 的值.

第四节　点到直线的距离公式

点到直线的距离公式

考点剖析 掌握点到直线的距离公式，能运用它解决有关问题.

知识小结

点到直线的距离公式	设点 $P(x_0, y_0)$ 为直线 l：$Ax+By+C=0$ 外一点，则 $d = \dfrac{|Ax_0+By_0+C|}{\sqrt{A^2+B^2}}$
	设点 $P(x, y)$ 为直线 l：$x=x_0$ 外一点，则 $d = |x_0-x|$
	设点 $P(x, y)$ 为直线 l：$y=y_0$ 外一点，则 $d = |y_0-y|$

典型例题

题型① **例** 点 $(2, 3)$ 到直线 $3x-4y-4=0$ 的距离为(　　).

A. 0　　　　　　B. 2　　　　　　C. $\dfrac{2}{5}$　　　　　　D. $\dfrac{2\sqrt{5}}{5}$

分析 设点 $(2, 3)$ 到直线 $3x-4y-4=0$ 的距离为 d，则 $d = \dfrac{|Ax_0+By_0+C|}{\sqrt{A^2+B^2}} = \dfrac{|3\times2-4\times3-4|}{\sqrt{3^2+4^2}} = 2.$

答案 B

题型② **例** 两平行直线 $y=3x$ 与 $3x-y+5=0$ 之间的距离 $d=$(　　).

A. $\dfrac{\sqrt{10}}{2}$　　　　B. $\sqrt{10}$　　　　C. $2\sqrt{10}$　　　　D. 10

分析 在直线 $y=3x$ 上取一点 $P(0, 0)$，则点 P 到 $3x-y+5=0$ 的距离为 $d = \dfrac{|Ax_0+By_0+C|}{\sqrt{A^2+B^2}} = \dfrac{|3\times0-1\times0+5|}{\sqrt{3^2+1^2}} = \dfrac{\sqrt{10}}{2}.$

答案 A

【随堂练习】

1. 两平行直线 $y=-x+1$ 与 $x+y+2=0$ 之间的距离 $d=$_____.

2. 点 $(1, 2)$ 到直线 $2x-3y-5=0$ 的距离为 $d=$_____.

题型 3 **例** 证明：$A(2，3)$，$B(1，-3)$，$C(3，9)$ 三点在一条直线上.

证法 1 利用点到直线的距离等于 0.

$\because k_{AB} = \dfrac{-3-3}{1-2} = 6$，又点 A 的坐标为 $(2，3)$，

$\therefore$ 直线 AB 的方程为 $y-3=6(x-2)$，化成一般式为 $6x-y-9=0$.

$\because$ 点 C 到直线 AB 的距离为 $d = \dfrac{|Ax_0+By_0+C|}{\sqrt{A^2+B^2}} = \dfrac{|6\times3-1\times9-9|}{\sqrt{6^2+1^2}} = 0$.

$\therefore$ 点 C 在直线 AB 上，即 A，B，C 三点在一条直线上.

证法 2 利用 $|AB|+|AC|=|BC|$.

$\because |AB| = \sqrt{(1-2)^2+(-3-3)^2} = \sqrt{37}$，

$|AC| = \sqrt{(3-2)^2+(9-3)^2} = \sqrt{37}$，

$|BC| = \sqrt{(3-1)^2+[9-(-3)]^2} = 2\sqrt{37}$，

$\therefore |AB|+|AC|=|BC|$.

即 A，B，C 三点在一条直线上.

证法 3 利用 $k_{AB}=k_{AC}$，

$\because k_{AB} = \dfrac{-3-3}{1-2} = 6$，$k_{AC} = \dfrac{9-3}{3-2} = 6$，

$\therefore k_{AB}=k_{AC}$，

即 A，B，C 三点在一条直线上.

证法 4 利用点在直线上.

由证法 1 可知直线 AB 的方程为 $6x-y-9=0$，

将 $C(3，9)$ 代入方程 $6x-y-9=0$ 的左端，得 $6\times3-9-9=0$，

所以点 C 在直线 AB 上.

即 A，B，C 三点在一条直线上.

题型 4 **例** 已知梯形两底所在的直线方程分别是 $4x+3y+8=0$ 和 $4x+3y-7=0$，求梯形的高.

分析 因为梯形的两底互相平行，求梯形的高就是求两底所在的两条平行线间的距离.

解 在直线 $4x+3y+8=0$ 上任取一点 $P(-2，0)$，则点 P 到 $4x+3y-7=0$ 的距离为

$$d = \frac{|Ax_0+By_0+C|}{\sqrt{A^2+B^2}} = \frac{|4\times(-2)+3\times0-7|}{\sqrt{4^2+3^2}} = 3.$$

所以梯形的高为 3.

【随堂练习】

1. 点 $A(2，3)$ 到直线 $4x-y-2=0$ 的距离是 _____.

2. 两条直线 $2x+y-4=0$ 与 $y=-2x+3$ 的距离是 _____.

3. （2021 年宁夏）梯形两底所在的直线方程分别为 $2x+y-5=0$，$4x+2y-7=0$，则梯形的高是 _____.

A 组 基础练习

一、填空题

1. 点 $M(1,6)$ 到直线 $x=5$ 的距离为_____.

2. 点 $B(8,-3)$ 到直线 $y-2=0$ 的距离为_____.

二、选择题

1. 点 $(-3,2)$ 到直线 $3x-4y=3$ 的距离是（　　）.

   A. $\dfrac{17}{5}$ 　　　　B. $\dfrac{18}{5}$ 　　　　C. 4 　　　　D. 20

B 组 拓展练习

一、填空题

1. 原点到直线 $3x-4y+10=0$ 的距离为_____.

2. 若点 $P(-1,2)$ 到直线 $kx+y-5=0$ 的距离为 $\sqrt{5}$，则 $k=$_____.

二、选择题

1. 两平行直线 $2x+y-4=0$ 和 $2x+y+6=0$ 之间的距离为（　　）.

   A. $2\sqrt{5}$ 　　　　B. $\dfrac{2\sqrt{5}}{5}$ 　　　　C. $\sqrt{5}$ 　　　　D. $\dfrac{\sqrt{5}}{5}$

2. 与点 $A(3,-1)$ 距离为 3 的直线方程是（　　）.

   A. $2x+y+2=0$ 　　　　　　B. $3x-4y+2=0$

   C. $3x-4y=0$ 　　　　　　D. $y=5$

3. 下列各组平行线中，距离等于 3 的是（　　）.

   A. $4x-3y+9=0$ 与 $4x-3y-1=0$

   B. $y=x$ 与 $2y-2x+5=0$

   C. $5x+12y=-7$ 与 $5x+12y=0$

   D. $3x+4y+12=0$ 与 $3x+4y-3=0$

三、解答题

1. 求平行直线 $3x+2y-6=0$ 和 $6x+4y-3=0$ 间的距离 d.

2. 已知梯形两底所在的直线方程是 $2x+y-5=0$ 和 $4x+2y-7=0$，求梯形的高.

3. 若点 $A(a，3)$ 到直线 $4x-3y+1=0$ 的距离等于 4，求 a 的值.

第五节　圆的方程

考点剖析 了解曲线与方程的关系，会求简单曲线的方程，会求两条曲线的交点；掌握圆的标准方程、一般方程，能运用它们解决有关问题.

知识小结

圆的方程

曲线与方程	一般地，如果某曲线 C 上的点与一个二元方程 $f(x, y)=0$ 的解具有如下的对应关系： ①曲线上的点的坐标都是这个方程的解； ②以这个方程的解为坐标的点都是曲线上的点， 那么这个方程叫作曲线的方程；这条曲线叫作方程的曲线. 由以上定义可知，如果曲线 C 的方程是 $f(x, y)=0$，那么点 $P_0(x_0, y_0)$ 在曲线 C 上的条件是 $f(x_0, y_0)=0$
圆的方程	设圆心在 $O(a, b)$，半径为 r，则圆的标准方程为 $(x-a)^2+(y-b)^2=r^2$； 设圆心在坐标原点，半径为 r，则圆的方程为 $x^2+y^2=r^2$； 当 $D^2+E^2-4F>0$ 时，方程 $x^2+y^2+Dx+Ey+F=0$，叫作圆的一般方程，圆心坐标是 $\left(-\dfrac{D}{2}, -\dfrac{E}{2}\right)$，半径是 $\dfrac{1}{2}\sqrt{D^2+E^2-4F}$.

典型例题

题型 1 **例** 点 $P_1(0, 0)$，$P_2(1, 1)$，$P_3(2, -2)$，$P_4(-3, 1)$ 中，在曲线 $x^2+2x-4y+1=0$ 上的有（　　）.

A. 1 个点　　　　B. 2 个点　　　　C. 3 个点　　　　D. 4 个点

分析 将点 $P_1(0, 0)$ 代入方程 $x^2+2x-4y+1=0$ 的左端，得 $0+2\times0-4\times0+1\neq0$，

∵点 P_1 的坐标不满足方程 $x^2+2x-4y+1=0$，

∴点 P_1 不在曲线 $x^2+2x-4y+1=0$ 上.

将 $P_2(1, 1)$ 代入方程 $x^2+2x-4y+1=0$ 的左端，得 $1+2\times1-4\times1+1=0$.

∵点 P_2 的坐标满足方程 $x^2+2x-4y+1=0$，

∴点 P_2 在曲线 $x^2+2x-4y+1=0$ 上.

同理可得点 $P_3(2, -2)$ 不在曲线 $x^2+2x-4y+1=0$ 上，点 $P_4(-3, 1)$ 在曲线 $x^2+2x-4y+1=0$ 上. 故选 B.

答案 B

题型 2　例　方程 $x^2+2xy+2y^2+m=0$ 的曲线过原点，则 m 的值为(　　).

A. -1　　　　　　B. 1　　　　　　C. 0　　　　　　D. -2

分析　因为曲线过原点，即点 $(0,0)$ 在曲线上.

即 $(0,0)$ 是方程 $x^2+2xy+2y^2+m=0$ 的解.

将 $(0,0)$ 代入方程 $x^2+2xy+2y^2+m=0$ 得 $m=0$，故选 C.

答案　C

【随堂练习】

1. 点 $P_1(0,2)$，$P_2(-1,1)$，$P_3(2,-3)$，$P_4(-3,1)$ 中，在曲线 $x^2+x-4y+2=0$ 上的有＿＿＿＿＿＿＿＿＿＿.

2. 方程 $x^2-xy+y^2+m=0$ 的曲线过点 $(-1,3)$，则 m 的值为＿＿＿＿＿.

题型 3　例　求圆心在 $(-2,1)$，且过两直线 $x+2y+3=0$ 和 $x-y-3=0$ 的交点的圆的标准方程.

分析　先求出两直线 $x+2y+3=0$ 和 $x-y-3=0$ 的交点，再求圆的半径 r 的长，最后写出圆的标准方程.

解　解方程组 $\begin{cases} x+2y+3=0, \\ x-y-3=0, \end{cases}$ 得 $\begin{cases} x=1, \\ y=-2. \end{cases}$

即直线 $x+2y+3=0$ 和 $x-y-3=0$ 的交点为 $P(1,-2)$.

又 $\because$ 圆心在 $(-2,1)$，

$\therefore$ 半径 $r=\sqrt{(x_2-x_1)^2+(y_2-y_1)^2}=\sqrt{(-2-1)^2+(1+2)^2}=\sqrt{18}$.

$\therefore$ 圆的标准方程为 $(x+2)^2+(y-1)^2=18$.

题型 4　例　已知圆 O 的某条直径两端点的坐标分别为 $A(3,2)$，$B(-3,4)$，则圆 O 的标准方程为＿＿＿＿＿＿＿＿＿＿＿.

分析　线段 AB 的中点（即圆 O 的圆心）为 $O(0,3)$，圆 O 的半径 $r=\sqrt{(x_2-x_1)^2+(y_2-y_1)^2}=\sqrt{(0-3)^2+(3-2)^2}=\sqrt{10}$，故所得圆 C 的标准方程为 $x^2+(y-3)^2=10$.

答案　$x^2+(y-3)^2=10$.

【随堂练习】

1. 过点 $A(-1,1)$，$B(1,3)$，圆心在 x 轴上的圆的标准方程是＿＿＿＿＿＿＿＿＿＿.

2. 求过三点 $A(0,0)$，$B(2,4)$，$C(3,1)$ 的圆的方程，并求出这个圆的半径和圆心坐标.

3. (2020 年宁夏) 圆 $x^2+y^2-4x+6y=0$ 的圆心坐标是(　　).

A. $(2,3)$　　　　B. $(-2,3)$　　　　C. $(-2,-3)$　　　　D. $(2,-3)$

A组　基础练习

一、填空题

1. 已知方程 $x^2+y^2+2x-4=0$ 的曲线经过点 $A(d,1)$，那么 d 的值为_____.

2. 已知方程 $mx^2+ny^2=1$ 的曲线经过点 $(1,2)$，则 m，n 应该满足的条件是_____　_____.

二、选择题

1. 若点 $P(-2,-1)$ 在曲线 $2x^2+5y+d=0$ 上，则 $d=($　　$)$.

  A. -1　　　　　　B. 1　　　　　　C. -3　　　　　　D. 3

2. 圆心在 $(2,-1)$，半径为 4 的圆的标准方程是($\quad$).

  A. $(x-2)^2+(y+1)^2=4$

  B. $(x-2)^2+(y+1)^2=16$

  C. $(x+2)^2+(y-1)^2=4$

  D. $(x+2)^2+(y-1)^2=16$

B组　拓展练习

一、填空题

1. 已知圆 $x^2+y^2+Dx+Ey-5=0$ 的圆心在点 $(2,3)$，则圆的半径是_____.

2. 若圆 $(x-1)^2+(y-a)^2=5$ 经过原点，且圆心在第四象限，则 $a=$_____.

3. 圆心为 $(1,2)$，且过点 $(4,-2)$ 的圆的标准方程为_____.

4. 将圆的方程 $x^2+y^2-6x+4y-3=0$ 化为标准方程为_____.

5. 两圆 $x^2+y^2-4x=0$ 和 $x^2+y^2-2x+6y-3=0$ 的圆心距为_____.

二、选择题

1. 圆 $(x-3)^2+y^2=5$ 的圆心、半径分别为($\quad$).

  A. $(-3,0)$，5　　　　　　　　B. $(3,0)$，5

  C. $(-3,0)$，$\sqrt{5}$　　　　　　　D. $(3,0)$，$\sqrt{5}$

2. 已知圆的方程为 $(x-3)^2+(y+1)^2=16$，则点 $(-1,2)$ ($\quad$).

  A. 在圆内不在圆心上　　　　　B. 在圆上

  C. 在圆外　　　　　　　　　　D. 和圆心重合

三、解答题

1. 求过三点 $A(-1,0)$，$B(3,0)$，$C(3,4)$ 的圆的方程，并求出这个圆的半径和圆心坐标.

2. 求过点 $(1,-1)$ 和 $(-1,1)$，且圆心在直线 $x+y-2=0$ 上的圆的方程.

3. 求过两点 $A(-3,3)$ 和 $B(2,-2)$，且圆心在 y 轴上的圆的方程.

第六节　直线与圆的位置关系

直线与圆的位
置关系

考点剖析 理解直线与圆的位置关系，能运用它们解决有关问题；能解决直线与圆的方程的简单实际问题.

知识小结

直线与圆的位置关系	1. 直线与圆的位置关系有三种：相交、相切、相离. 2. 设圆 O 的半径为 r，圆心 O 到直线 l 的距离为 d，则有 (1) $d<r \Leftrightarrow$ 直线 l 与圆 O 相交； (2) $d=r \Leftrightarrow$ 直线 l 与圆 O 相切； (3) $d>r \Leftrightarrow$ 直线 l 与圆 O 相离. 3. 设直线方程为 $Ax+By+C=0$（A，B 不全为 0），圆 O 的方程为 $x^2+y^2+Dx+Ey+F=0$（$D^2+E^2-4F>0$），Δ 为方程组 $\begin{cases} Ax+By+C=0, \\ x^2+y^2+Dx+Ey+F=0 \end{cases}$ 的判别式，则有 (1) $\Delta>0 \Leftrightarrow$ 直线 l 与圆 O 相交； (2) $\Delta=0 \Leftrightarrow$ 直线 l 与圆 O 相切； (3) $\Delta<0 \Leftrightarrow$ 直线 l 与圆 O 相离
圆的切线	当直线与圆相切时，直线叫作圆的切线. 在处理与切线有关的问题时，通常利用 $d=r$ 或 $\Delta=0$ 当中的一个
圆的割线	当直线与圆相交时，直线叫作圆的割线，割线在圆内的部分叫作圆的弦. 在处理与弦长有关的问题时，通常会利用平面几何的相关知识

典型例题

题型① **例** 直线 $y+2x+3=0$ 与圆 $x^2+y^2+4x-2y+1=0$ 之间的关系是(　　).

A. 相切　　　　　　　　　　　　B. 相离

C. 相交且直线过圆心　　　　　　D. 相交且直线不过圆心

分析 因为圆的标准方程为 $(x+2)^2+(y-1)^2=4$，所以圆心为 $(-2，1)$，它到直线 $y+2x+3=0$ 的距离为 $d=\dfrac{|Ax_0+By_0+C|}{\sqrt{A^2+B^2}}=\dfrac{|2\times(-2)+1\times1+3|}{\sqrt{2^2+1^2}}=0$，故圆心在直线上，即直线与圆相交且过圆心.

答案 C

例 过圆 $x^2+y^2=4$ 上一点 $N(1,-\sqrt{3})$ 的切线方程是(　　).

A. $x+\sqrt{3}y-4=0$　　　　　　　　B. $x-\sqrt{3}y+4=0$

C. $x-\sqrt{3}y-4=0$　　　　　　　　D. $x+\sqrt{3}y+4=0$

分析　因为点 $N(1,-\sqrt{3})$ 在圆 $x^2+y^2=4$ 上，所以可设切线方程为 $y+\sqrt{3}=k(x-1)$，即 $kx-y-k-\sqrt{3}=0$，圆 $x^2+y^2=4$ 的圆心 $O(0,0)$，$r=2$，解得 $k=\dfrac{\sqrt{3}}{3}$，

故所求的切线方程为 $y+\sqrt{3}=\dfrac{\sqrt{3}}{3}(x-1)$，即 $x-\sqrt{3}y-4=0$.

答案　C

题型 **3** 例 已知圆 O 和直线 $x-y=0$ 相切，圆心坐标为 $(2,4)$，则圆 O 的方程是_____.

分析　已知圆心在点 $(2,4)$，只要求出半径就可以得出圆的方程. 根据已知条件，得半径就是圆心到直线 $x-y=0$ 的距离，则

$$d=\frac{|Ax_0+By_0+C|}{\sqrt{A^2+B^2}}=\frac{|1\times2+(-1)\times4|}{\sqrt{1^2+(-1)^2}}=\sqrt{2},$$

故所求圆的方程为 $(x-2)^2+(y-4)^2=2$.

即 $x^2+y^2-4x-8y+18=0$.

答案　$x^2+y^2-4x-8y+18=0$.

【随堂练习】

1. 直线 $y+x-3=0$ 与圆 $x^2+y^2-4x+y-1=0$ 之间的关系是_____.

2. 已知圆 O 和直线 $y=2x+1$ 相切，圆心坐标为 $(-2,3)$，则圆 O 的方程是_____.

3. 过圆 $(x-1)^2+(y-2)^2=9$ 上一点 $N(1,-1)$ 的切线方程是_____.

4.（2018 年宁夏）直线 $3x-4y-9=0$ 与圆 $x^2+y^2=4$ 的位置关系是_____.

 例 若直线 $y=2x+b$ 与圆 $x^2+y^2=9$ 相切，则 b 的值等于(　　).

A. $\pm3\sqrt{5}$　　　　B. ±3　　　　C. $\pm9\sqrt{5}$　　　　D. ±9

分析　圆 $x^2+y^2=9$ 的圆心为 $O(0,0)$，半径 $r=3$，$O(0,0)$ 到直线 $y=2x+b$ 的距离为

$$d=\frac{|Ax_0+By_0+C|}{\sqrt{A^2+B^2}}=\frac{|2\times0+(-1)\times0+b|}{\sqrt{2^2+(-1)^2}}=3,$$

即 $|b|=3\sqrt{5}$，解得 $b=\pm3\sqrt{5}$.

答案　A

题型 5 例　C 为何值时，直线 l：$x+y+C=0$ 与圆 O：$(x-1)^2+(y+1)^2=4$ 相交、相切、相离？

解　显然，圆 O 的圆心为 $O(1，-1)$，半径 $r=2$，圆心 $O(1，-1)$ 到直线 l：$x+y+C=0$ 的距离为 d，则

$$d=\frac{|Ax_0+By_0+C|}{\sqrt{A^2+B^2}}=\frac{|1\times1+1\times(-1)+C|}{\sqrt{1^2+1^2}}=\frac{|C|}{\sqrt{2}}，$$

当 $d>r$ 时，即 $\frac{|C|}{\sqrt{2}}>2$，$C>2\sqrt{2}$ 或 $C<-2\sqrt{2}$ 时，直线 l 与圆 O 相离；

当 $d=r$ 时，即 $\frac{|C|}{\sqrt{2}}=2$，$C=2\sqrt{2}$ 或 $C=-2\sqrt{2}$ 时，直线 l 与圆 O 相切；

当 $d<r$ 时，即 $\frac{|C|}{\sqrt{2}}<2$，$-2\sqrt{2}<C<2\sqrt{2}$ 时，直线 l 与圆 O 相交.

【随堂练习】

1. 若直线 $y=x+m$ 与圆 $x^2+y^2=16$ 相切，则 m 的值等于＿＿＿＿＿＿＿＿＿．

2. 若直线 l：$x+2y+m=0$ 与圆 O：$(x+1)^2+(y-2)^2=9$ 相交，则 m 的取值范围为

＿＿＿＿＿＿．

A组　基础练习

一、填空题

1. 过圆 $x^2+y^2=25$ 上一点 $A(3，-4)$ 作该圆的切线，则此切线方程为＿＿＿＿＿＿＿＿．

二、选择题

1. 圆 $x^2+y^2=a$ 与直线 $x+2y-5=0$ 相切，则 $a=(\quad)$.

　A. 10　　　　　　B. 5　　　　　　C. $\sqrt{5}$　　　　　　D. $2\sqrt{5}$

B组　拓展练习

一、填空题

1. x 轴被圆 O：$x^2+y^2-4x+6y-5=0$ 截得的弦长是＿＿＿＿＿＿．

2. 已知圆 B 和直线 $x-y=0$ 相切，圆心坐标为 $(1，3)$，则圆 B 的方程为＿＿＿＿＿＿＿＿

＿＿＿＿＿＿．

二、选择题

1. 若直线 $y=x+b$ 过圆 $x^2+y^2-4x+2y+3=0$ 的圆心，则 $b=($ 　　$)$.
   A. 2　　　　　　　　B. -2　　　　　　　C. 3　　　　　　　　D. -3

2. 已知点 $A(2,-4)$ 和圆 O：$x^2+y^2+2x-4y+1=0$，则点 $A($ 　　$)$.
   A. 在圆 O 内　　　　　　　　　B. 在圆 O 上
   C. 在圆 O 外　　　　　　　　　D. 与圆 O 的位置关系不确定

3. 直线 $3x-4y=0$ 与圆 $(x-3)^2+(y+4)^2=4$ 的位置关系为（　　）.
   A. 相切　　　　　　　　　　　　B. 相离
   C. 相交但不过圆心　　　　　　　D. 相交且通过圆心

4. 过圆 $x^2+y^2=4$ 上一点 $(1,-\sqrt{3})$ 的切线方程为（　　）.
   A. $x-\sqrt{3}y=4$　　　　　　　　B. $x+\sqrt{3}y=4$
   C. $\sqrt{3}x+y=4$　　　　　　　　D. $\sqrt{3}x+y=-4$

三、解答题

1. 求与直线 l：$2x-y+5=0$ 垂直，且与圆 O：$x^2+y^2+2x-4y+1=0$ 相切的直线方程.

2. 已知圆 B 的半径为 2，圆心在 x 轴上，直线 $3x+4y+4=0$ 与圆 B 相切，求圆 B 的方程.

概率及简单几何体（选学）

考试内容	考点呈现	题型	分值
概率	①频率、概率、互斥事件； ②对立事件、独立事件	选择题 填空题	3~6分
简单几何体	棱柱、棱锥、圆柱、圆锥、球体及相关	选择题 填空题	3~6分

▎考试内容 ▷ 概率的相关概念，简单几何体的表面积及相关计算.

▎考点要求 ▷ 掌握概率的相关概念及简单计算；会计算简单几何体的相关边长和面积.

第一节 概 率

▎考点剖析 ▷ 概率、古典概率相关概念及简单计算.

概 率

知识小结

概念	频率	事件 A 发生的次数与试验次数的比值 $\dfrac{m}{n}$，叫作事件 A 发生的频率，记作 $W(A)=\dfrac{m}{n}$，显然，$0 \leqslant W(A) \leqslant 1$
	互斥事件	一次试验中，不可能同时发生的两个事件叫作互斥事件
	对立事件	一次试验中，其中必有一个发生的两个互斥事件叫作对立事件
	独立事件	如果一个事件的发生与否对另一个事件发生与否没有影响，那么这样的两个事件叫作相互独立事件
概率定义		在大量重复试验时，事件 A 发生的频率 $\dfrac{m}{n}$ 总是在某个常数附近摆动．我们就称这个常数为事件 A 的概率，记作 $P(A)$

续表

概率 性质	性质1：必然事件的概率等于1，不可能事件的概率等于0. 性质2：对于任何事件A，有$0 \leqslant P(A) \leqslant 1$. 性质3：如果$A$，$B$是互斥事件，那么$P(A+B)=P(A)+P(B)$，其中$P(A+B)$表示事件$A$或$B$发生的概率. 如果$\overline{A}$表示$A$的对立事件，那么$P(\overline{A})=1-P(A)$. 性质4：如果$A$，$B$是相互独立事件，那么$P(A \cdot B)=P(A) \cdot P(B)$，其中，$P(A \cdot B)$表示事件$A$与$B$同时发生的概率
古典型随 机试验	有限性：只有有限个不同的基本事件； 等可能性：每个基本事件出现的机会是等可能的
古典 概率	在古典型的随机试验中，如果基本事件的总数是n，而事件A包含m个基本事件，则把$\dfrac{m}{n}$叫作事件A发生的频率，记作$P(A)=\dfrac{m}{n}$ $(m \leqslant n)$

典型 例题

题型 1 例 （2019年宁夏）一个事件的概率不可能是（　　）.

A. 0　　　　　　B. $\dfrac{1}{2}$　　　　　　C. 1　　　　　　D. $\dfrac{3}{2}$

答案 D

【随堂练习】

1. 必然事件发生的概率是＿＿＿＿＿＿.

2. 不可能事件发生的概率是＿＿＿＿＿＿.

3. 任何事件发生的概率不超过＿＿＿＿＿＿.

题型 2 例1 在打靶射击中，命中10环的概率为0.35，命中9环的概率为0.45，则命中超过8环的概率为＿＿＿＿＿＿.

分析 本题考查互斥事件的概念及计算方法，在一次射击中，"命中10环"和"命中9环"不可能同时发生，因此它们是互斥事件，而"命中超过8环"发生就是"命中10环或命中9环"发生，设"命中10环"为事件A，"命中9环"为事件B，则"命中超过8环"为事件$A+B$，于是$P(A+B)=P(A)+P(B)=0.35+0.45=0.8$.

答案 0.8.

例2 加工某产品须经两道工序，如果这两道工序都合格的概率为0.9，那么至少有一道工序不合格的概率为＿＿＿＿＿＿.

分析 本题考查对立事件的概念及概率的计算方法，"至少有一道工序不合格"与"两道工序都合格"是对立事件，设"两道工序都合格"为事件A，则"至少有一道工序不合格"为事件$\overline{A}$，于是$P(\overline{A})=1-P(A)=1-0.9=0.1$.

答案 0.1.

【随堂练习】

1. 甲、乙二人各进行一次射击，甲命中目标的概率为 0.8，乙命中目标的概率为 0.9，则二人都命中目标的概率为（　　）.

A. 1.7 　　　　　　 B. 0.72 　　　　　　 C. 0.85 　　　　　　 D. 0.9

2. 10 台电脑相互独立工作，若每台电脑正常工作的概率都是 0.9，则恰有一台电脑发生故障的概率是（　　）.

A. 0.1 　　　 B. 0.1^9 　　　 C. 0.9^9 　　　 D. $C_{10}^1 \times 0.9 \times 0.1^9$

题型 3 例 （2020 年宁夏）一副扑克牌 54 张，从中任意抽取一张，恰好是红桃的概率是（　　）.

A. $\dfrac{1}{4}$ 　　　　 B. $\dfrac{1}{13}$ 　　　　 C. $\dfrac{13}{54}$ 　　　　 D. $\dfrac{1}{54}$

分析　本题考查等可能事件的概念及等可能事件的概率的计算方法. 本题的试验是"在一副扑克牌中任意抽取一张牌"，显然任何一张牌被抽到的可能性是相等的. 因为一副扑克牌有 54 张，所以，这个试验中应有 54 个等可能出现的结果，即 $n=54$，而牌中有 13 张红桃，因此，事件"抽取一张牌，恰好是红桃"中应包含了其中的 13 个结果，即 $m=13$，设事件"抽取一张牌，恰好是红桃"为 A，$P(A)=\dfrac{m}{n}=\dfrac{13}{54}$.

答案　C

【随堂练习】

1. 任意投一枚骰子，"3"点朝上的概率是＿＿＿＿＿＿＿＿.

2. （2021 年宁夏）把一枚硬币连续抛掷两次，得到两次正面向上的概率是＿＿＿＿＿＿＿＿＿.

3. 一副扑克牌 54 张，从中任意抽取一张，恰好是 A 的概率是＿＿＿＿＿＿＿＿.

A组 基础练习

一、填空题

1. 若事件 A 与 B 互斥，且 $P(A)=\dfrac{1}{3}$，$P(B)=\dfrac{1}{2}$，则 $P(A+B)=$ ＿＿＿＿＿＿.

2. 若 $P(A)=0.67$，则 $P(\overline{A})=$ ＿＿＿＿＿＿.

3. 若事件 A 与 B 相互独立，且 $P(A)=0.7$，$P(B)=0.3$，则 $P(A \cdot B)=$ ＿＿＿＿＿.

4. 若事件 A 与 B 相互独立，且 $P(A)=0.7$，$P(B)=0.3$，则 $P(\overline{A} \cdot B)=$ ＿＿＿＿＿.

5. 抛掷一枚骰子，出现的点数小于 3 的概率是＿＿＿＿＿＿＿＿.

二、选择题

1. 如果 A 与 B 是互斥事件，那么下列说法正确的是（　　）.

①A 与 B 是不可能事件；

②A 与 B 至少有一个发生；

③A 与 B 至多有一个发生；

④A 与 B 有且只有一个发生.

  A. ①和②   B. ①和③   C. ①和④   D. ①

2. 下列试验属于独立重复试验的是（　　）.

  A. 从某种小麦种子中抽取 100 粒做发芽试验

  B. 从 100 件产品中有放回地抽取 10 件，检查每件是一级品、二级品还是次品

  C. 从 100 件产品中无放回地抽取 10 件，检查每件是正品还是次品

  D. 某射手在相同的条件下射击几次，考查每次射击所中的环数

B 组　拓展练习

一、填空题

1. 100 瓶饮料中，有 3 瓶已过保质期，则任取 1 瓶，取到过期饮料的概率是_____.

2. 任意抛掷三枚相同的硬币，两枚硬币的国徽同时朝上的概率是_____.

3. 甲、乙二人各进行一次射击，如果甲击中目标的概率是 0.7，乙击中目标的概率是 0.8，则目标被击中的概率为是_____.

4. 从 1，2，3，4，5，6 这 6 个数字中任取两个数，则这两个数都是奇数的概率是_____.

二、选择题

1. 书架上陈列了 3 本科技杂志、5 本文艺杂志，一个学生从中任取一本阅读，他取到文艺杂志的概率是（　　）.

  A. $\dfrac{1}{3}$ B. $\dfrac{1}{5}$ C. $\dfrac{1}{8}$ D. $\dfrac{5}{8}$

2. "A 与 B 是互斥事件"是"A 与 B 是对立事件"的（　　）.

  A. 充分不必要条件   B. 必要不充分条件

  C. 充要条件   D. 既不充分也不必要条件

3. 从甲袋中摸出 1 个白球的概率为 $\dfrac{1}{3}$，从乙袋中摸出 1 个白球的概率为 $\dfrac{1}{2}$，从两个袋中各摸出 1 个球，那么概率为 $\dfrac{5}{6}$ 的事件是（　　）.

  A. 2 个球都是白球   B. 2 个球都不是白球

  C. 2 个球不都是白球   D. 2 个球中恰好有 1 个白球

第二节　简单几何体

考点剖析　简单几何体的三视图，柱、锥、球体的表面积及体积的简单计算.

知识 小结

简单几何体

名称	几何体	主视图	左视图	俯视图
正方形	⬜	☐	☐	☐
圆柱	🛢	☐	☐	◯
圆锥	△	△	△	◯
球体	●	◯	◯	◯
长方体	▱	▭	☐	▭
正三棱柱	△	⊟	☐	▽
正三棱锥	△	△	△	▽

三视图的定义：对一个物体，在三个投影面内进行正投影，在平面内得到的由前向后观察物体的视图，叫作主视图；在侧面内得到的由左向右观察物体的视图，叫作左视图；在水平面内得到的由上到下观察物体的视图，叫作俯视图.

（左侧纵向标题）三视图的定义及常见几何体的三视图

续表

棱柱	概念	有两个平面互相平行，其余各面都是四边形，并且每相邻两个四边形的公共边互相平行，由这些面围成的几何体
	分类	棱柱按底面多边形的边数分为三棱柱、四棱柱、五棱柱……，侧棱垂直于底面的棱柱叫作直棱柱，底面是正多边形的直棱柱叫作正棱柱
	性质	侧棱都相等，侧面是平行四边形．两个底面与平行于它的截面是全等的多边形，过不相邻的两条侧棱的截面是平行四边形.
	计算	1. 直棱柱侧面积 $S_{直棱柱} = ch$（c 为底面多边形的周长，h 为高）； 2. 直棱柱表面积 $S_{直棱柱表} = S_{直棱柱侧} + 2S_底$； 3. 棱柱的体积 $V_{棱柱} = Sh$（S 是底面积，h 为高）
棱锥	概念	一个面是多边形，其余各面都是有一个公共顶点的三角形所围成的多面体
	分类	棱锥按底面多边形的边数分为三棱锥、四棱锥、五棱锥……，如果一个棱锥的底面是正多边形，并且顶点在底面上的射影是底面正多边形的中心，这样的棱锥叫作正棱锥
	性质	正棱锥各侧棱相等，各侧面都是全等的等腰三角形，各等腰三角形底边上的高叫作正棱锥的斜高；正棱锥的高、斜高和斜高在底面上的射影组成一个直角三角形；正棱锥的高、侧棱和侧棱在底面上的射影组成一个直角三角形.
	计算	1. 正棱锥侧面积 $S_{正棱锥侧} = \dfrac{1}{2}ch$（$c$ 为底面多边形的周长，h 为高）； 2. 正棱锥表面积 $S_{正棱锥表} = S_{正棱锥侧} + S_底$； 3. 棱锥的体积 $V_{棱锥} = \dfrac{1}{3}Sh$（S 是底面积，h 为高）
圆柱	概念	以矩形的一边所在的直线为旋转轴，其余三边旋转形成的面所围成的旋转体叫作圆柱
	性质	平行于底面的截面与底面是全等的圆面，轴截面是全等的矩形
	计算	1. 圆柱侧面积圆柱 $S_{圆柱侧} = 2\pi rl$（r 为圆柱底面半径，l 为母线长）； 2. 圆柱表面积 $S_{圆柱表} = S_{圆柱侧} + 2S_底$； 3. 圆柱的体积 $V_{圆柱} = Sh$（S 是底面积，h 为高）
圆锥	概念	以直角三角形一直角边所在的直线为旋转轴，其余两边旋转形成的面所围成的旋转体叫作圆锥
	性质	平行于底面的截面有：$S_截 : S_底 = h_1{}^2 : h^2$，$h_1$ 为顶点到截面的距离，轴截面是全等的等腰三角形
	计算	1. 圆锥侧面积 $S_{圆锥侧} = \pi rl$（r 是圆锥底面半径，l 为母线长）； 2. 圆锥表面积 $S_{圆锥表} = S_{圆锥侧} + S_底$； 3. 棱锥的体积 $V_{圆锥} = \dfrac{1}{3}Sh$（S 是底面积，h 为高）
球	概念	以半圆的直径所在的直线为旋转轴，半圆面旋转一周形成的旋转体叫作球
	性质	球心和截面圆心的连线垂直于截面，球心到截面的距离 d 与球的半径 R 及截面的半径 r，有 $R^2 = d^2 + r^2$
	计算	1. 球的表面积 $S_球 = 4\pi R^2$； 2. 球的体积 $V_球 = \dfrac{4}{3}\pi R^3$

典型 例题

题型 1 例 （1）若三棱锥的棱长都是 a，则它的侧面积是_____；

（2）正方体的体积是 64 cm^3，则它的全面积为_____；

（3）正四棱柱的侧面积为 64 cm^2，高为 4 cm，则它的体积是_____.

分析 （1）边长为 a 的正三角形周长为 $3a$，斜高为 $\frac{\sqrt{3}}{2}a$，三棱锥的侧面积是 $\frac{3\sqrt{3}}{4}a^2$.

（2）正方体的体积是 64 cm^3，它的棱长是 4 cm，则它的全面积是 96 cm^2.

（3）正四棱柱的侧面为矩形，面积是 16 cm^2，$h=4$ cm，即底边长为 4 cm，则它的体积为 $V=64$ cm^3.

答案 （1）$\frac{3\sqrt{3}}{4}a^2$；（2）96 cm^2；（3）64 cm^3.

【随堂练习】

1．直四棱锥的底面边长为 a，高为 $\sqrt{2}a$，则它的侧面积是_____，表面积是_____，体积是_____.

2．一个正三棱锥的棱长为 $\sqrt{3}a$，则它的侧面积是_____，表面积是_____，体积是_____.

3．圆锥的底面半径是 2，高为 3，则它的侧面积是_____，表面积是_____，体积是_____.

题型 2 例 圆柱与圆锥的体积相同，并且高相等，则圆柱与圆锥的底面半径比值是（ ）.

A. 1   B. 3   C. $\sqrt{3}$ D. $\frac{\sqrt{3}}{3}$

分析 若圆柱与圆锥的体积相同，并且高相等，则圆柱与圆锥底面积的比为 1：3，圆柱与圆锥的底面半径比为 1：$\sqrt{3}$.

答案 D

【随堂练习】

1．同底等高的圆锥和圆柱的体积之比是_____，母线之比是_____.

2．半径为 $\sqrt{3}$ 的球体，表面积是_____，体积是_____.

A组 基础练习

一、填空题

1．长方体的一个顶点上的三条棱长分别为 3 cm，4 cm，5 cm，则长方体的对角线长是_____，表面积是_____，体积是_____.

2. 三棱锥的三条侧棱两两垂直且长度分别为 5，12，13，则该三棱锥的体积是_____.

3. 圆柱的底面直径是 10 cm，母线长为 5 cm，则它的侧面积是_____，表面积是_____，体积是_____.

4. 圆锥的底面半径是 3 cm，母线长为 5 cm，则它的侧面积是_____，全面积是_____，体积是_____.

5. 已知球的半径为 2 cm，则它的表面积是_____，体积是_____.

二、选择题

1. 如果圆柱的轴截面面积为 4，高为 2，那么圆柱的底面半径是( ).
   A. 4   B. π C. 2   D. 1

2. 一个长方体长、宽、高的比为 1∶2∶3，表面积为 198，则它的体积为( ).
   A. 81   B. $81\sqrt{2}$ C. 162   D. $162\sqrt{2}$

3. 圆柱的高为 5，底面半径为 3，则圆柱的表面积是( ).
   A. 18π B. 30π C. 38π D. 48π

4. 圆锥底面圆的直径和母线长相等，且高为 $4\sqrt{3}$，则这个圆锥的轴截面面积为( ).
   A. 16   B. $16\sqrt{3}$ C. 48   D. $48\sqrt{3}$

三、解答题

1. 如图，已知正三棱柱 $ABC-A_1B_1C_1$ 的棱长 $AB=4$ cm，$AA_1=5$ cm，求：
   （1）正三棱柱的全面积；（2）截面 A_1BC 的面积；（3）正三棱柱的体积.

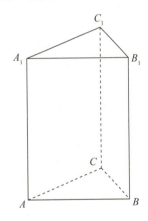

2. 已知圆柱的轴截面面积等于 12 cm²，垂直于轴的截面面积等于 4π cm²，求它的侧面积.

附 录

分类考试模拟试卷一

宁夏 2018 年高职院校分类考试文化基础考试　数学

第Ⅰ部分　选择题（共 54 分）

一、**单项选择题**（本大题共 18 小题，每小题 3 分，共 54 分）

　　在每小题列出的四个备选项中，只有一个是符合题目要求的.

1. 下列四个选项中能表示集合的是(　　).
   A. 一切很大的数
   B. 平面内的全体
   C. 大于 -2 的实数
   D. 学习较好的同学

2. "$x-2>0$" 是 "$x-5>0$" 的(　　).
   A. 充分条件
   B. 必要条件
   C. 充要条件
   D. 既不充分又不必要条件

3. 不等式 $|2x-1|\leqslant 0$ 的解集为(　　).
   A. $(-\infty,\ 0.5)\bigcup(0.5,\ +\infty)$
   B. $(-\infty,\ 0.5]$
   C. $\{0.5\}$
   D. $\varnothing$

4. $\sqrt{(\lg 8-1)^2}$ 的值等于(　　).
   A. $\lg 8-1$　　　　B. $1-\lg 8$　　　　C. $\lg 7$　　　　D. 2

5. 下列函数中是指数函数的是(　　).
   A. $y=(-2)^x$　　　　B. $y=\left(\dfrac{1}{2}\right)^x$　　　　C. $y=x^3$　　　　D. $y=2x$

6. $300°=$(　　).
   A. $\dfrac{5}{6}\pi$　　　　B. $\dfrac{7}{6}\pi$　　　　C. $\dfrac{4}{3}\pi$　　　　D. $\dfrac{5}{3}\pi$

7. $4(3a-2b)+5(3b-2a)=$(　　).
   A. $2a+7b$　　　　B. $22a+23b$　　　　C. $2a-7b$　　　　D. $22a-23b$

8. 数列 $\dfrac{1}{3}$，$-\dfrac{1}{3}$，$\dfrac{5}{27}$，$-\dfrac{7}{81}$，…的一个通项公式是(   ).

   A. $a_n=(-1)^{n+1}\cdot\dfrac{2n-1}{3n}$ B. $a_n=(-1)^n\cdot\dfrac{2n-1}{3n}$

   C. $a_n=(-1)^n\cdot\dfrac{2n-1}{3^n}$ D. $a_n=(-1)^{n+1}\cdot\dfrac{2n-1}{3^n}$

9. 设 $A=\{1,2\}$，$B=\{4,5,6\}$，$x\in A$，$y\in B$，则积 $x\cdot y$ 可表示不同的值的个数为(   ).

   A. 6   B. 5   C. 3   D. 2

10. 一个袋子中有 8 个红球、10 个白球，它们除颜色外其他没有差别，现从中任意取出一个球，取出红球的概率是(   ).

    A. $\dfrac{5}{9}$ B. $\dfrac{4}{9}$ C. $\dfrac{2}{9}$ D. $\dfrac{1}{9}$

11. 过点 $(1,2)$ 且与直线 $y=x$ 垂直的直线方程为(   ).

    A. $y=x+2$ B. $y=x-1$ C. $y=-x+2$ D. $y=-x+3$

12. 如图所示，已知直线 l，平面 α，β，设 l 与 α，β 所成的角分别为 θ_1，θ_2，则当 $\alpha\parallel\beta$ 时，θ_1，θ_2 的大小关系为(   ).

    A. $\theta_1=\theta_2$ B. $\theta_1>\theta_2$

    C. $\theta_1<\theta_2$ D. 不确定

13. 在 $0°\sim360°$ 内，与角 $390°$ 终边相同的角是(   ).

    A. $210°$ B. $150°$

    C. $60°$ D. $30°$

14. 直线 $3x-4y-9=0$ 与圆 $x^2+y^2=4$ 的位置关系是(   ).

    A. 相切   B. 相离

    C. 相交但不过圆心   D. 相交且过圆心

15. 已知 $a^{\frac{3}{2}}<a^{\sqrt{2}}$，则 a 的取值范围是(   ).

    A. $(-\infty,0)$ B. $(1,+\infty)$ C. $(0,1)$ D. $(1,2)$

16. 下列函数中，既是奇函数又是增函数的是(   ).

    A. $y=x|x|$ B. $y=-x^3$ C. $y=\dfrac{1}{x}$ D. $y=x+1$

17. 正方体上的点 P，Q，R，S 是其所在棱的中点，则直线 PQ 与直线 RS 异面的图形是(   ).

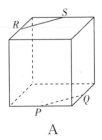 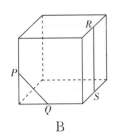 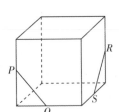 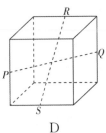

A   B   C   D

18. 某学生去学校，一开始是跑步，等跑累了再走余下的路程，纵轴表示离学校的距离，横轴表示出发的时间，则下列选项中的图象比较符合该学生走法的是（　　　）.

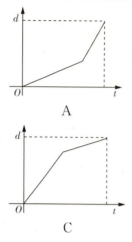

A

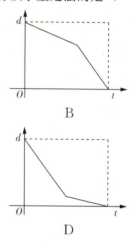

B

C

D

第 II 部分　非选择题（共 46 分）

二、填空题（本大题共 6 小题，每小题 3 分，共 18 分）

19. 直线 $5x+12y-60=0$ 与 x 轴、y 轴分别交于 A，B 点，O 为坐标原点，则 $\triangle OAB$ 的周长为_____.

20. $\sin\dfrac{3}{4}\pi+\cos\dfrac{\pi}{4}=$_____.

21. $\sqrt[3]{3}\cdot\sqrt[4]{3}\cdot\sqrt[4]{27}=$_____.

22. 在等差数列 $\{a_n\}$ 中，$d=2$，$a_{10}=14$，则 $a_2+a_4=$_____.

23. 已知 $\boldsymbol{a}=(3,-4)$ 与 $\boldsymbol{b}=(6,8)$，则 $(\boldsymbol{a}+\boldsymbol{b})^2=$_____.

24. 车工在加工零件前用 20 分钟做准备工作，以后每加工一个零件平均用半小时，则工作时间 y（小时）和产品件数 x 间的函数关系是_____（$x\in\mathbf{N}^*$）.

三、解答题（本大题共 4 小题，每小题 7 分，共 28 分）

解答应写出文字说明、证明过程或演算步骤.

25. 已知 $f(x)=\dfrac{x^2+1}{x^2-1}$，求 $f(3)$，$f\left(\dfrac{1}{x}\right)$.

26. 已知等比数列 $\{a_n\}$ 前 5 项的和是 242，公比是 3，求它的首项及 a_6.

27. 求过原点且与圆 $(x-2)^2+y^2=1$ 相切的直线方程.

28. 某公司在 A，B 两地销售新上市的一种油电两用的新型汽车，该种车的利润（单位：万元）分别为 $y_1=4x-\dfrac{1}{8}x^2$，$y_2=2x$，其中 x 为销售量（单位：辆）. 若该公司在两地共销售 15 辆车.

(1) 求两地售车的总利润 y 与销售量 x 之间的函数关系式；

(2) 销售 15 辆车能获得的最大利润是多少？

分类考试模拟试卷二

宁夏 2019 年高职院校分类考试文化基础考试　数学

第 I 部分　选择题（共 54 分）

一、单项选择题（本大题共 18 小题，每小题 3 分，共 54 分）

　　在每小题列出的四个备选项中，只有一个是符合题目要求的.

1. 下列选项中正确的是（　　）.

A. $\pi \in \mathbf{Q}$　　　　　　　　　　　B. $3 \in \{x \mid x < -1 \ 或 \ x > 3\}$

C. $\sqrt{3} \in \mathbf{Z}$　　　　　　　　　　　D. $\dfrac{1}{2} \in \{x \mid 2x^2 = x\}$

2. 函数 $f(x) = \sqrt{x^2 + 4x - 5}$ 的定义域是（　　）.

A. $\{x \mid x \leqslant -5 \ 或 \ x \geqslant 1\}$　　　　　B. $\{x \mid x < -5 \ 或 \ x > 1\}$

C. $\{x \mid -5 \leqslant x \leqslant 1\}$　　　　　　　D. $\{x \mid -5 < x < 1\}$

3. "两个三角形两角对应相等"是"两个三角形全等"的（　　）.

A. 充分必要条件　　　　　　　　B. 充分非必要条件

C. 必要非充分条件　　　　　　　D. 既非充分也非必要条件

4. 下列函数中图象关于 y 轴对称的是（　　）.

A. $y = (x-1)^2$　　B. $y = x^2 - 1$　　C. $y = 2^x$　　　　D. $y = 2^{x-1}$

5. 若 $a + b > 0$ 且 $b < 0$，则 $a - b$ 的值（　　）.

A. 大于 0　　　　　B. 小于 0　　　　　C. 等于 0　　　　　D. 不能确定

6. 若 α 是第二象限的角，则 $180° + \alpha$ 是（　　）.

A. 第一象限的角　　　　　　　　B. 第二象限的角

C. 第三象限的角　　　　　　　　D. 第四象限的角

7. 已知数列 $\{a_n\}$ 的首项 $a_1 = 1$，且 $a_n = 2a_{n-1} + 1$（$n \geqslant 2$），则 $a_5 = $（　　）.

A. 31　　　　　　　B. 30　　　　　　　C. 15　　　　　　　D. 7

8. 若 α 的终边经过点（$\sin 120°$，$\cos 120°$），则 $\sin \alpha$ 的值为（　　）.

A. $\dfrac{1}{2}$　　　　　　B. $-\dfrac{1}{2}$　　　　　C. $\dfrac{\sqrt{3}}{2}$　　　　　D. $-\dfrac{\sqrt{3}}{2}$

9. 下列选项中不正确的是(　　).

　　A. $\overrightarrow{EF}+\overrightarrow{FD}=\overrightarrow{ED}$　　　　　　　　B. $\boldsymbol{a}+\boldsymbol{0}=\boldsymbol{a}$

　　C. $\overrightarrow{AB}-\overrightarrow{AC}=\overrightarrow{BC}$　　　　　　　　D. $\overrightarrow{AB}+\overrightarrow{BA}=\boldsymbol{0}$

10. 过点 $(2,-1)$ 且倾斜角为 $\dfrac{\pi}{4}$ 的直线方程为(　　).

　　A. $x-y-3=0$　　　　　　　　B. $x+y-3=0$

　　C. $2x-y=0$　　　　　　　　D. $x-2y=0$

11. 一个事件的概率不可能是(　　).

　　A. 0　　　　　B. $\dfrac{1}{2}$　　　　　C. 1　　　　　D. $\dfrac{3}{2}$

12. 从总体中抽一样本 13，15，18，16，17，14，则样本平均数 $\overline{X}$ 为(　　).

　　A. 93　　　　　B. 16　　　　　C. 15.5　　　　　D. 15

13. 下列结论正确的个数为(　　).

　　①若直线 l 平行于平面 α 内的无数条直线，则 $l /\!/ \alpha$；

　　②若直线 a 在平面 α 外，则 $a /\!/ \alpha$；

　　③若直线 $a /\!/ b$，直线 $b \subset \alpha$，则 $a /\!/ \alpha$；

　　④若直线 $a /\!/ b$，直线 $b \subset \alpha$，那么直线 a 平行于平面 α 内的无数条直线.

　　A. 1个　　　　　B. 2个　　　　　C. 3个　　　　　D. 4个

14. 已知圆的方程为 $(x-3)^2+(y-5)^2=16$，则点 $(-1，2)$ (　　).

　　A. 在圆内不在圆心上　　　　　　B. 在圆上

　　C. 在圆外　　　　　　　　　　D. 和圆心重合

15. 若 $\ln a$，$\ln b$，$\ln c$ 三个数成等差数列，则(　　).

　　A. $a+b=2c$　　B. $b^2=ac$　　　C. $a+c=2b$　　　D. a，b，c 成等差数列

16. 函数 $y=3x$ $(x \in \mathbf{N}，1 \leqslant x \leqslant 5)$ 的图象是(　　).

　　A. 直线　　　　　B. 射线　　　　　C. 线段　　　　　D. 离散的点

17. 如图，在下列四个正方体中，A，B 为正方体的两个顶点，M，N，P 分别为其所在棱的中点，能得出 $AB /\!/$ 平面 MNP 的图形的序号是(　　).

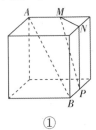　　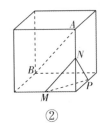　　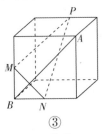　　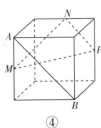

　　　①　　　　　　②　　　　　　③　　　　　　④

　　A. ①②　　　　B. ①④　　　　C. ②③　　　　D. ②④

18. 如果某林区森林蓄积量每年平均比上一年增加 10.4%，经过 $x\ [x \in (0, +\infty)]$ 年可以增长到原来的 y 倍，则函数 $y = f(x)$ 的图象大致是(　　).

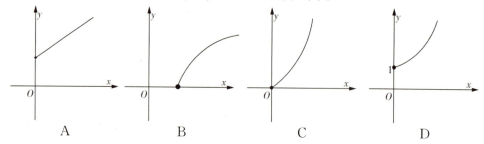

A　　　　　　B　　　　　　C　　　　　　D

第Ⅱ部分　非选择题（共 46 分）

二、填空题（本大题共 6 小题，每小题 3 分，共 18 分）

19. 计算：$81^{\frac{3}{4}} \times 3^{-3} + 0.25^{-\frac{1}{2}} \times 0.001\ 2^0 =$ _____．

20. 线段 AB 的中点坐标为 $(2, 3)$，点 $B\ (1, 1)$，则点 A 的坐标为 _____．

21. 已知 α 是锐角，且 $\tan \alpha = \sqrt{3}$，则 $\cos \alpha =$ _____．

22. 数列 $\{a_n\}$ 的前 4 项分别是 $\frac{1}{2}$，$-\frac{1}{3}$，$\frac{1}{4}$，$-\frac{1}{5}$，…，则 $a_n =$ _____．

23. 已知点 $A\ (1, -2)$，$B\ (-1, 2)$ 且 $\overrightarrow{AC} = 3\overrightarrow{BC}$，则 $|\overrightarrow{AC}| =$ _____．

24. 有长为 20 米的竹篱笆，如果利用一面墙作为一边，用竹篱笆围成一个矩形场地，假设与墙相邻的矩形边长为 x，则此矩形场地的面积 y 与 x 的函数关系式为 _____（$0 < x < 10$）．

三、解答题（本大题共 4 小题，每小题 7 分，共 28 分）
解答应写出文字说明、证明过程或演算步骤.

25. 已知函数 $f(x) = \begin{cases} \left(\dfrac{1}{4}\right)^x, & x \in [-1, 0], \\ 4^x, & x \in (0, 1], \end{cases}$ 求 $f(0)$，$f(\log_4 3)$．

26. 求数列 $1\dfrac{1}{2}$，$2\dfrac{1}{4}$，$3\dfrac{1}{8}$，$4\dfrac{1}{16}$，…的前 20 项的和.

27. 求过点 $A(-1，1)$，$B(1，3)$，圆心在 x 轴上的圆的标准方程.

28. 某产品的生产成本 C（单位：元）与其产量 x（单位：台）之间的函数关系式是 $C=4\,000+10x-0.2x^2$（$x\in\mathbf{N}$，$x\leqslant165$）. 若每台产品的销售价格为 30 元，至少需要生产多少台此产品，才能保证生产者不亏本？

分类考试模拟试卷三

宁夏 2020 年高职院校分类考试文化基础考试　数学

第 I 部分　选择题（共 54 分）

一、单项选择题（本大题共 18 小题，每小题 3 分，共 54 分）

在每小题列出的四个备选项中，只有一个是符合题目要求的.

1. 集合 $\{2,3\}$ 的全部子集为（　　）.

   A. $\{2\}$，$\{3\}$

   B. $\{2,3\}$

   C. $\{2\}$，$\{3\}$，$\{2,3\}$

   D. $\{2\}$，$\{3\}$，$\{2,3\}$，$\varnothing$

2. 设函数 $f(x)=\begin{cases} x^2+1, & x\leqslant 1, \\ \dfrac{2}{x}, & x>1, \end{cases}$ 则 $f[f(3)]=$（　　）.

   A. $\dfrac{1}{5}$

   B. 3

   C. $\dfrac{2}{3}$

   D. $\dfrac{13}{9}$

3. $x^2=36$ 的充分必要条件是（　　）.

   A. $x=6$ 或 $x=-6$

   B. $x=6$ 且 $x=-6$

   C. $x=6$

   D. $x=-6$

4. 下列函数中，在区间 $(0,+\infty)$ 上为增函数的是（　　）.

   A. $y=\sqrt{x-1}$

   B. $y=x^2$

   C. $y=\left(\dfrac{1}{2}\right)^x$

   D. $y=\log_{0.5}x$

5. 已知函数 $f(x)=x^3\cos x+1$，若 $f(a)=11$，则 $f(-a)=$（　　）.

   A. -9

   B. 9

   C. 11

   D. -11

6. 下列指数式与对数式的互化不正确的一组是（　　）.

   A. $10^0=1$ 与 $\lg 1=0$

   B. $16^{-\frac{1}{2}}=\dfrac{1}{4}$ 与 $\log_{16}\dfrac{1}{4}=-\dfrac{1}{2}$

   C. $\log_2 4=2$ 与 $4^{\frac{1}{2}}=2$

   D. $\ln e=1$ 与 $e^1=e$

7. 将图 1 中的等腰直角三角形 ABC 沿斜边 BC 上的中线折起得到空间四面体 $ABCD$（如图 2），则在空间四面体 $ABCD$ 中，AD 与 BC 的位置关系是（ ）.

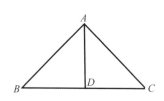
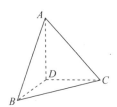

图 1   图 2

  A. 相交且垂直   B. 相交但不垂直 C. 异面且垂直 D. 异面但不垂直

8. 向量 $\overrightarrow{OP}-\overrightarrow{OQ}=$（ ）.

  A. QP B. PQ C. $\overrightarrow{QP}$ D. $\overrightarrow{PQ}$

9. 已知数列的前 5 项分别是 -1，$\dfrac{1}{2}$，$\dfrac{1}{5}$，$\dfrac{1}{8}$，$\dfrac{1}{11}$，则这个数列的通项公式是（ ）.

  A. $a_n=\dfrac{1}{3n-4}$ B. $a_n=\dfrac{1}{2n-3}$ C. $a_n=\dfrac{1}{n+1}$ D. $a_n=\dfrac{1}{3n-1}$

10. 已知直线 l_1 的倾斜角为 $30°$，直线 $l_1\perp l_2$，则直线 l_2 的斜率为（ ）.

  A. $\sqrt{3}$ B. $-\sqrt{3}$ C. $\dfrac{\sqrt{3}}{3}$ D. $-\dfrac{\sqrt{3}}{3}$

11. $(x^2+1)^2$ 与 x^4+x^2+1 的大小关系为（ ）.

  A. $(x^2+1)^2\geqslant x^4+x^2+1$ B. $(x^2+1)^2>x^4+x^2+1$

  C. $(x^2+1)^2\leqslant x^4+x^2+1$ D. $(x^2+1)^2<x^4+x^2+1$

12. 不等式 $2^{x^2+2x-4}\leqslant\dfrac{1}{2}$ 的解集是（ ）.

  A. $(-3,1)$ B. $[-3,1]$ C. $(-3,1]$ D. $[-3,1)$

13. 山前有 3 条路，山后有 2 条路，一个人由山前上山，山后下山，他的路线共有（ ）.

  A. 5 种   B. 6 种   C. 10 种   D. 15 种

14. 一副扑克牌 54 张，从中任意抽取一张，恰好是红桃的概率是（ ）.

  A. $\dfrac{1}{4}$ B. $\dfrac{1}{13}$ C. $\dfrac{13}{54}$ D. $\dfrac{1}{54}$

15. 圆 $x^2+y^2-4x+6y=0$ 的圆心坐标是（ ）.

  A. $(2,3)$ B. $(-2,3)$ C. $(-2,-3)$ D. $(2,-3)$

16. 函数 $y=\cos\left(\dfrac{1}{2}x-\dfrac{\pi}{3}\right)$ 的最小正周期是（ ）.

  A. 6π B. 4π C. π D. $\dfrac{\pi}{2}$

17. 若两个平面互相平行，则分别在这两个平行平面内的直线（ ）.

  A. 平行   B. 异面   C. 相交   D. 平行或异面

18. 已知函数 $f(x)=-x^2+4x+a$，$x\in[0,1]$，若函数 $f(x)$ 有最小值 -2，则函数 $f(x)$ 的最大值为（ ）.

  A. -1 B. 0 C. 1 D. 2

第 Ⅱ 部 分　非 选 择 题　（共 46 分）

二、填空题（本大题共 6 小题，每小题 3 分，共 18 分）

19. 设 $\lg 2 = a$，$\lg 3 = b$，则 $\lg 108 = $ _____．

20. 若向量 $\boldsymbol{a} = (5, -7)$，$\boldsymbol{b} = (-6, -4)$，则 $\boldsymbol{a} \cdot \boldsymbol{b} = $ _____．

21. 已知等比数列 $\{a_n\}$ 中，$a_1 = 2$，$a_4 = 16$，则 $a_7 = $ _____．

22. 已知 $\tan \alpha = 2$，则 $\dfrac{\cos \alpha + \sin \alpha}{\cos \alpha - \sin \alpha} = $ _____．

23. 直线 $4x + 3y - 5 = 0$ 与直线 $8x + 6y + 1 = 0$ 的位置关系是 _____．

24. $\cos 300° = $ _____．

三、解答题（本大题共 4 小题，每小题 7 分，共 28 分）

解答应写出文字说明、证明过程或演算步骤.

25. 已知函数 $g(x) = \sqrt{x} + 1$，$h(x) = \dfrac{1}{x+3}$，令函数 $f(x) = g(x) \cdot h(x)$.

（1）求函数 $f(x)$ 的定义域；

（2）当 $x = \dfrac{1}{4}$ 时，求 $f(x)$ 的函数值.

26. 已知等差数列 $\{a_n\}$ 满足 $a_6 + a_{10} = 20$，求该数列的前 15 项的和 S_{15}.

27. 已知直线 $x-my+3=0$ 与圆 $x^2+y^2-6x+5=0$ 相切，求实数 m 的值.

28. 星火电影院某场公益电影观看人数 x（单位：人）与门票收入 y（单位：元）的关系如图所示.
    (1) 求这场电影的票价；
    (2) 求 y 与 x 之间的函数解析式；
    (3) 求有多少观众观看时，电影院的票房收入将达到 20 000 元.

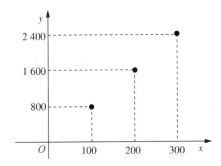

分类考试模拟试卷四

宁夏 2021 年高职院校分类考试文化基础考试　数学

第Ⅰ部分　选择题（共 54 分）

一、单项选择题（本大题共 18 小题，每小题 3 分，共 54 分）

在每小题列出的四个备选项中，只有一个是符合题目要求的.

1. 设集合 $A=\{a, b, c\}$，$B=\{a, b\}$，则 $A\cup B=($ 　　)．

A. $\{a, b, c\}$ 　　　　　　　　　　B. $\{a, b, c, d\}$

C. $\{d\}$ 　　　　　　　　　　　　D. $\varnothing$

2. 设 a，b 是实数，则 $a^2=b^2$ 的充分必要条件是(　　)．

A. $a=b$ 　　　　B. $a=-b$ 　　　　C. $a^3=b^3$ 　　　　D. $|a|=|b|$

3. 函数 $y=f(x)$ 的图象如图所示，观察图象可知函数 $y=f(x)$ 的定义域是(　　)．

A. $[-5, 0]\cup[2, 6)$

B. $[-5, 6)$

C. $[-5, 0]\cup[2, 6]$

D. $[-5, +\infty)$

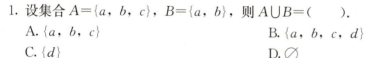

4. 若一元二次方程 $x^2-4x+m=0$ 没有实数根，则 m 的取值范围为(　　)．

A. $m<2$ 　　　　B. $m>4$ 　　　　C. $m>2$ 　　　　D. $m<16$

5. 下列函数中，是奇函数的是(　　)．

A. $y=-x^3$ 　　　B. $y=x^3-2$ 　　　C. $y=\left(\dfrac{1}{2}\right)^x$ 　　　D. $y=\log_2 \dfrac{1}{x}$

6. 设 $\cos\alpha=\dfrac{1}{2}$，α 为第四象限角，则 $\sin\alpha=($ 　　)．

A. $-\dfrac{\sqrt{3}}{2}$ 　　　B. $-\dfrac{\sqrt{2}}{2}$ 　　　C. $\dfrac{1}{2}$ 　　　D. $\dfrac{\sqrt{3}}{2}$

7. 如果△ABC 的三个内角 A，B，C 成等差数列，则 B 一定等于(　　)．

A. $90°$ 　　　　B. $60°$ 　　　　C. $45°$ 　　　　D. $30°$

8. 已知平面向量 $\overrightarrow{AB}=(2,-4)$，$\overrightarrow{AC}=(-1,2)$，则 $\overrightarrow{BC}=($　　).

　　A.（3，−6）　　　　B.（−3，6）　　　　C.（1，−2）　　　　D.（−2，−8）

9. 过点（0，1）且与直线 $y=2x+4$ 平行的直线方程为(　　).

　　A. $x+2y-2=0$　　　　　　　　　B. $2x-y+1=0$

　　C. $x-2y+2=0$　　　　　　　　　D. $2x-y-1=0$

10. 化简：$\overrightarrow{OM}+\overrightarrow{OP}+\overrightarrow{NO}+\overrightarrow{PO}=($　　).

　　A. $\mathbf{0}$　　　　　B. $\overrightarrow{MP}$　　　　　C. $\overrightarrow{NM}$　　　　　D. $\overrightarrow{PN}$

11. 不等式 $|x-1|<3$ 的解集中包含的整数共有(　　).

　　A. 8个　　　　　B. 7个　　　　　C. 6个　　　　　D. 5个

12. 若 $\left(\dfrac{1}{a}\right)^m=5$，则 $a^{-2m}=($　　).

　　A. $\dfrac{1}{25}$　　　　B. $\dfrac{2}{5}$　　　　C. 10　　　　D. 25

13. 把一枚硬币抛掷两次，得到两次正面朝上的概率是(　　).

　　A. $\dfrac{1}{4}$　　　　B. $\dfrac{1}{3}$　　　　C. $\dfrac{1}{2}$　　　　D. 1

14. 如图，三棱锥 $S-ABC$ 中，E，F，G 分别是棱 AB，BC，SC 的
中点，则此三棱锥中与平面 EFG 平行的棱的条数是(　　).

　　A. 0　　　　　B. 1　　　　　C. 2　　　　　D. 3

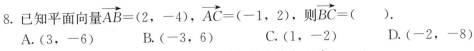

15. $5^{\frac{1}{3}}$ 的倒数是(　　).

　　A. $5^{\frac{1}{3}}$　　　　　　　　　　　B. $-5^{\frac{1}{3}}$

　　C. $5^{-\frac{1}{3}}$　　　　　　　　　　D. $-5^{-\frac{1}{3}}$

16. 角 α 的终边经过点 $P(-3,-2)$，则下列式子正确的是(　　).

　　A. $\sin\alpha\cdot\tan\alpha>0$　　　　　　　B. $\cos\alpha\cdot\tan\alpha>0$

　　C. $\cos\alpha-\tan\alpha<0$　　　　　　　D. $\cos\alpha+\sin\alpha>0$

17. 在数列 $\{a_n\}$ 中，$a_n=\dfrac{(-1)^n}{2^n+1}$，则下列各数恰在数列 $\{a_n\}$ 中的是(　　).

　　A. $-\dfrac{1}{5}$　　　　B. $\dfrac{1}{9}$　　　　C. $-\dfrac{1}{17}$　　　　D. $\dfrac{1}{65}$

18. 设 $a<0$，下列结论中不正确的是(　　).

　　A. $3+a>2+a$　　　　　　　　　B. $3-a>2-a$

　　C. $3a>2a$　　　　　　　　　　D. $\dfrac{a}{3}>\dfrac{a}{2}$

第Ⅱ部分　非选择题（46分）

二、填空题（本大题共 6 小题，每小题 3 分，共 18 分）

19. 若点 $P(a,1)$ 在直线 $y=2x+3$ 上，则 $a=$ _____.

20. 设 S_n 为等比数列 $\{a_n\}$ 的前 n 项和，已知 $3S_3=a_4-2$，$3S_2=a_3-2$，则公比 $q=$ _____.

21. 已知梯形两底所在的直线方程是 $2x+y-5=0$ 和 $4x+2y-7=0$，则梯形的高 $h=$ _____.

22. 若 $a^{\frac{1}{2}}+a^{-\frac{1}{2}}=2$，则 $a^1+a^{-1}=$ _____.

23. 在 $\log_{0.3}0.4$，$\log_{0.3}4$，$\log_3 0.4$，$\log_3 4$ 中大于 0 的有 _____ 个.

24. 已知函数 $y=f(x)$ 是偶函数，且在 $(0,+\infty)$ 上是增函数，则函数 $y=f(x+1)$ 的减区间是 _____.

三、解答题（本大题共 4 小题，每小题 7 分，共 28 分）

解答应写出文字说明、证明过程或演算步骤.

25. 计算：$\log_{\sqrt{3}}\sqrt{4}\,\log_{\sqrt{4}}\sqrt{5}\,\log_{\sqrt{5}}\sqrt{6}\,\log_{\sqrt{6}}\sqrt{7}\,\log_{\sqrt{7}}\sqrt{8}\,\log_{\sqrt{8}}\sqrt{9}$.

26. 在等差数列 $\{a_n\}$ 中，公差为 d，前 n 项和为 S_n. 若 $a_6-a_3=3$，$4S_6=11S_3$，求 a_1 和 d.

27. 已知圆过 $A(0,0)$，$B(1,1)$，$C(1,-5)$ 三点，求：

(1) 该圆的方程；

(2) 该圆的圆心坐标和半径.

28. 某招待所共有床位 200 个，每个床位日租金 30 元，天天客满，该招待所计划提高客房档次，同时相应提高床位日租金. 经调查，床位日租金每增加 2 元，出租床位将减少 10 个，问招待所将档次提高到每个床位日租金多少元时，每天租金收入最高？最高收入是多少？

分类考试模拟试卷五

第 I 部分　选择题（共 54 分）

一、单项选择题（本大题共 18 小题，每小题 3 分，共 54 分）

在每小题列出的四个备选项中，只有一个是符合题目要求的.

1. 下列四个选项中能表示集合的是（　　）.
   A. 个子高的人
   B. 小于 4 的整数
   C. 无限接近 0 的数
   D. 跑得快的人

2. "$x-5>0$" 是 "$x-2>0$" 的（　　）.
   A. 充分条件
   B. 必要条件
   C. 充要条件
   D. 既不充分又不必要条件

3. 不等式 $|2x+1|<3$ 的解集为（　　）.
   A. $(-\infty, -2)$
   B. $(1, +\infty)$
   C. $(-2, 1)$
   D. $(-\infty, -2)\bigcup(1, +\infty)$

4. $\log_{10} \sqrt[3]{100}=$（　　）.
   A. 10
   B. 2
   C. 3
   D. $\dfrac{2}{3}$

5. 下列函数中是指数函数的是（　　）.
   A. $y=\pi^x$
   B. $y=x$
   C. $y=x^{-1}$
   D. $y=(-3)^x$

6. $1\,000°$ 是第几象限角？（　　）.
   A. 第一象限
   B. 第二象限
   C. 第三象限
   D. 第四象限

7. $3(2a-b)+2(3b-a)=$（　　）.
   A. $4a+3b$
   B. $7a-5b$
   C. $12a-5b$
   D. $14a-6b$

8. 数列 $1, 0, 1, 0, 1, \cdots$ 的一个通项公式是（　　）.
   A. $a_n=\dfrac{1-(-1)^{n+1}}{2}$
   B. $a_n=\dfrac{1+(-1)^{n+1}}{2}$
   C. $a_n=\dfrac{(-1)^n-1}{2}$
   D. $a_n=\dfrac{-1-(-1)^n}{2}$

9. 已知集合 $M=\{a, 0\}$，$N=\{1, 2\}$，$M\bigcap N=\{1\}$，那么 $M\bigcup N=$（　　）.
   A. $\{a, 0, 1, 2\}$
   B. $\{1, 0, 1, 2\}$
   C. $\{0, 1, 2\}$
   D. 不确定

10. 同时抛掷一枚 2 分硬币和一枚 5 分硬币，两枚都出现正面的概率是(　　).

    A. 1   B. $\dfrac{1}{2}$ C. $\dfrac{1}{3}$ D. $\dfrac{1}{4}$

11. 过点（3，2）且与直线 $y=-x$ 垂直的直线方程为(　　).

    A. $y=x+2$ B. $y=x-1$ C. $y=-x+2$ D. $y=-x+3$

12. 下列命题正确的是(　　).

    ①平行于同一直线的两直线平行；

    ②平行于同一平面的两直线平行；

    ③平行于同一直线的两平面平行；

    ④平行于同一平面的两平面平行.

    A. ①②   B. ①③   C. ①④   D. ②④

13. 在 0°到 360°内，与角 640°终边相同的角是(　　).

    A. 60°   B. 130°   C. 280°   D. 340°

14. 直线 $y=2x+1$ 与圆 $x^2+y^2-2x+4y=0$ 的位置关系是(　　).

    A. 相切   B. 相离

    C. 相交但不过圆心   D. 相交且过圆心

15. 已知 $a^{\pi}=a^{3.14}$，则 a 的取值范围是(　　).

    A. $(-\infty,0)$ B. $(1,+\infty)$ C. $(0,1)$ D. $(1,2)$

16. $y=x|x|$ 是(　　).

    A. 偶函数且是增函数   B. 偶函数且是减函数

    C. 奇函数且是增函数   D. 奇函数且是减函数

17. 已知正方体上的点 P，Q，R，S 是其所在棱的中点，则直线 PQ 与直线 RS 异面的图形是(　　).

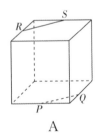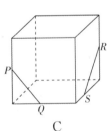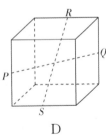

      A   B   C   D

18. 某学生去学校，一开始缓缓行进，后来为了赶时间开始加速，纵轴表示离学校的距离，横轴表示出发的时间，则下列选项中的图象比较符合该学生走法的是(　　).

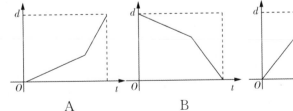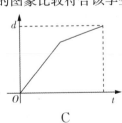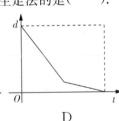

     A   B   C   D

第 Ⅱ 部 分　非 选 择 题（共 46 分）

二、填空题（本大题共 6 小题，每小题 3 分，共 18 分）

19. 直线 $5x+12y-60=0$ 与 x 轴、y 轴分别交于 A，B 两点，O 为坐标原点，则 $\triangle OAB$ 的周长为_____．

20. $\cos\dfrac{\pi}{2}+\sin\dfrac{\pi}{4}=$_____．

21. $2\sqrt{2}\cdot\sqrt[3]{2}\cdot\sqrt{8}=$_____．

22. 在数列 $\{a_n\}$ 中，$a_1=1$，且 $a_{n+1}=2a_n+3$，则 $a_5=$_____．

23. 已知 $\boldsymbol{a}=(2，2)$，$\boldsymbol{b}=(1，-4)$，则 $\boldsymbol{a}\cdot\boldsymbol{b}$ 的值为_____．

24. 车工在加工零件前用 30 分钟做准备工作，以后每加工一个零件平均用 2 小时，则工作时间 y（小时）和产品件数 x 间的函数关系是_____（$x\in\mathbf{N}^*$）．

三、解答题（本大题共 4 小题，每小题 7 分，共 28 分）
解答应写出文字说明、证明过程或演算步骤．

25. 已知 $f(x)=\dfrac{x^2+1}{x}$，求 $f(2)$，$f(a+1)$．

26. 三个数成等差数列，它们的和等于 18，平方和等于 116，求这个数列．

27. 求过原点且与圆 $x^2+(y-1)^2=1$ 相切的直线方程.

28. 为了节约水资源，某市对居民用水实行阶梯式计费，规定：每户每月用水不超过 15 t，按每吨 2.3 元计费；超过 15 t 但不超过 30 t，超过部分按每吨 3.6 元计费；超过 30 t 的部分按每吨 4.8 元计费.

　　(1) 求某户某月用水 49 t 时应付的水费；

　　(2) 试求水费 y（元）与用水量 x（t）之间的函数解析式.

分类考试模拟试卷六

第 I 部分　选择题（共 54 分）

一、单项选择题（本大题共 18 小题，每小题 3 分，共 54 分）

　　在每小题列出的四个备选项中，只有一个是符合题目要求的.

1. 下列结论正确的是（　　）.

   A. $\sqrt{2}\in\mathbf{Q}$
   B. $2\in\{x\,|\,x<-2$ 或 $x>3\}$

   C. $\pi\in\mathbf{Z}$
   D. $\dfrac{1}{4}\in\{x\,|\,4x^2=x\}$

2. 函数 $f(x)=\sqrt{x^2+2x-3}$ 的定义域是（　　）.

   A. $\{x\,|\,x\leqslant-3$ 或 $x\geqslant1\}$
   B. $\{x\,|\,x<-3$ 或 $x>1\}$

   C. $\{x\,|-3\leqslant x\leqslant1\}$
   D. $\{x\,|-3<x<1\}$

3. "四边形 $ABCD$ 是平行四边形"是"四边形 $ABCD$ 是正方形"的（　　）条件.

   A. 充分必要
   B. 充分非必要

   C. 必要非充分
   D. 既非充分也非必要

4. 下列函数中图象关于 y 轴对称的是（　　）.

   A. $y=(x+2)^2$
   B. $y=x^2+3$
   C. $y=5^x$
   D. $y=3^{x-1}$

5. 若 $a+b<0$ 且 $b>0$，则 $b-a$ 的值（　　）.

   A. 大于 0
   B. 小于 0
   C. 等于 0
   D. 不能确定

6. $-150°$ 是第几象限的角？（　　）.

   A. 第一象限的角
   B. 第二象限的角

   C. 第三象限的角
   D. 第四象限的角

7. 已知数列 $\{a_n\}$ 中，$a_n=\dfrac{(-1)^n}{2^n+1}$，则下列各数恰在数列 $\{a_n\}$ 中的是（　　）.

   A. $-\dfrac{1}{5}$
   B. $\dfrac{1}{9}$
   C. $-\dfrac{1}{17}$
   D. $\dfrac{1}{65}$

8. 若 α 的终边经过点 $(-3,4)$，则 $\cos\alpha$ 的值为（　　）.

   A. $-\dfrac{4}{5}$
   B. $-\dfrac{3}{5}$
   C. $\pm\dfrac{3}{5}$
   D. $\pm\dfrac{4}{5}$

9. $(\overrightarrow{AB}+\overrightarrow{MB})+(\overrightarrow{BO}+\overrightarrow{BC})+\overrightarrow{OM}=(\quad)$.

　　A. $\overrightarrow{BC}$　　　　　　B. $\overrightarrow{AB}$　　　　　　C. $\overrightarrow{AC}$　　　　　　D. $\overrightarrow{AM}$

10. 过点 $(-2,0)$ 且倾斜角为 $\dfrac{\pi}{3}$ 的直线方程为(　　).

　　A. $\sqrt{3}x-y-2=0$　　　　　　　　B. $\sqrt{3}x-y+2\sqrt{3}=0$

　　C. $\sqrt{3}x-y=0$　　　　　　　　　　D. $x-\sqrt{3}y=0$

11. 一副扑克牌 54 张，从中任意抽取一张，恰好是黑桃的概率是(　　).

　　A. $\dfrac{1}{4}$　　　　　　B. $\dfrac{1}{13}$　　　　　　C. $\dfrac{13}{54}$　　　　　　D. $\dfrac{1}{54}$

12. 均值为 17 的样本是(　　).

　　A. 12，15，23　　　　　　　　　　B. 9，16，27

　　C. 14，18，19　　　　　　　　　　D. 3，19，28

13. 下列命题正确的个数为(　　).

　　①若直线 l 垂直于平面 α 内的无数条直线，则 $l\perp\alpha$；

　　②若直线 l 平行于平面 α 内的无数条直线，则 $l/\!/\alpha$；

　　③若平面 α 内的任何一条直线都平行于平面 β，则 $\beta/\!/\alpha$；

　　④若平面 α 内有三点到平面 β 的距离相等，则 $\alpha/\!/\beta$.

　　A. 1 个　　　　　　B. 2 个　　　　　　C. 3 个　　　　　　D. 4 个

14. 已知圆的方程为 $(x-1)^2+(y-2)^2=4$，则点 $(2,4)$ (　　).

　　A. 在圆内不在圆心上　　　　　　B. 在圆上

　　C. 在圆外　　　　　　　　　　　　D. 和圆心重合

15. $\dfrac{\log_2 9}{\log_2 3}=(\quad)$.

　　A. 3　　　　　　B. $\log_2 3$　　　　　　C. 2　　　　　　D. $\log_2 6$

16. 函数 $y=5x$ $(x\in\mathbf{N},2\leqslant x\leqslant 7)$ 的图象是(　　).

　　A. 直线　　　　　　B. 射线　　　　　　C. 线段　　　　　　D. 离散的点

17. 若平面 α 外一条直线上有两个点到这个平面的距离相等，则这条直线和这个平面的位置关系是(　　).

　　A. 平行　　　　　　B. 相交　　　　　　C. 平行或相交　　　　　　D. 都不对

18. 下列图象表示的函数中，是奇函数的是(　　).

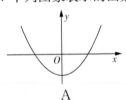　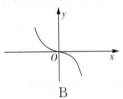　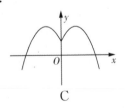　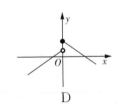

　　　　A　　　　　　　　　　B　　　　　　　　　　C　　　　　　　　　　D

第Ⅱ部分　非选择题（共 46 分）

二、填空题（本大题共 6 小题，每小题 3 分，共 18 分）

19. 计算：$16^{\frac{3}{4}} \times 2^{-3} + 0.36^{-\frac{1}{2}} \times 0.002^0 = $ _____．

20. 线段 AB 的中点坐标为 $(2，3)$，点 B $(3，5)$，则点 A 的坐标为 _____．

21. 已知 α 是锐角，且 $\tan \alpha = 1$，则 $\cos \alpha = $ _____．

22. 数列 $\{a_n\}$ 的前 4 项分别是 $\frac{1}{2}$，$\frac{1}{4}$，$\frac{1}{6}$，$\frac{1}{8}$，…，则 $a_n = $ _____．

23. 已知点 $A(2，-4)$，$B(-2，4)$ 且 $\overrightarrow{AC} = 3\overrightarrow{BC}$，则 $|\overrightarrow{AC}| = $ _____．

24. 有长为 10 米的竹篱笆，如果利用一面墙作为一边，用竹篱笆围成一个矩形场地，假设与墙相邻的矩形边长为 x，则此矩形场地的面积 y 与 x 的函数关系式为 _____ $(0 < x < 5)$．

三、解答题（本大题共 4 小题，每小题 7 分，共 28 分）
　　解答应写出文字说明、证明过程或演算步骤．

25. 已知函数 $f(x) = \begin{cases} \left(\dfrac{1}{2}\right)^x，& x \in [-1，0] \\ 2^x，& x \in (0，2]，\end{cases}$ 求 $f(0)$，$f(\log_2 3)$．

26. 求数列 $1\dfrac{1}{3}$，$2\dfrac{1}{9}$，$3\dfrac{1}{27}$，$4\dfrac{1}{81}$，…的前 10 项的和．

27. 求过两点 $A(-3,3)$，$B(2,-2)$，圆心在 y 轴上的圆的标准方程.

28. 某产品的生产成本 y（单位：万元）与其产量 x（单位：台）之间的函数关系式是 $y=3\,000+20x-0.1x^2$，$x\in(0,240)$．若每台产品的销售价格为 25 万元，使厂家不亏本（销售收入不小于总成本）的最低产量为多少台？

分类考试模拟试卷七

第Ⅰ部分　选择题（共 54 分）

一、单项选择题（本大题共 18 小题，每小题 3 分，共 54 分）

在每小题列出的四个备选项中，只有一个是符合题目要求的.

1. 下列不是集合 $\{2，3\}$ 的真子集的是（　　）.

   A. $\{2\}$　　　　　　 B. $\{2，3\}$　　　　　　 C. $\{3\}$　　　　　　 D. $\varnothing$

2. 设函数 $f(x) = \begin{cases} \log_2 x，& x>0, \\ x^2-1，& x\leqslant 0, \end{cases}$ 则 $f\left[f\left(\dfrac{1}{4}\right)\right]=$（　　）.

   A. 2　　　　　　 B. 3　　　　　　 C. $\dfrac{2}{3}$　　　　　　 D. 4

3. "$\alpha = 60°$" 是 "$\cos \alpha = \dfrac{1}{2}$" 的（　　）.

   A. 充分不必要条件　　　　　　　　 B. 必要不充分条件

   C. 充要条件　　　　　　　　　　　 D. 既不充分也不必要条件

4. 下列函数中，在区间 $(0，+\infty)$ 上为减函数的是（　　）.

   A. $y=\log_2 x$　　　　　　　　　　 B. $y=x^2+1$

   C. $y=\dfrac{1}{x}$　　　　　　　　　　 D. $y=3x+\dfrac{1}{2}$

5. 已知 $f(x) = \dfrac{1}{3^x+1}+m$ 是奇函数，则 $f(-1)$ 的值为（　　）.

   A. $-\dfrac{1}{2}$　　　　　 B. $\dfrac{1}{4}$　　　　　 C. $\dfrac{5}{4}$　　　　　 D. $-\dfrac{1}{4}$

6. 下列指数式与对数式的互化不正确的一组是（　　）.

   A. $10^0=1$ 与 $\lg 1=0$　　　　　　　 B. $4^{-2}=\dfrac{1}{16}$ 与 $-2=\log_4 \dfrac{1}{16}$

   C. $2^3=8$ 与 $8=\log_2 3$　　　　　　 D. $\ln e=1$ 与 $e^1=e$

7. 将图 1 中的等腰直角三角形 ABC 沿斜边 BC 上的中线折起得到空间四面体 $ABCD$（如图 2），则在空间四面体 $ABCD$ 中，AD 与 BC 的位置关系是（　　）.

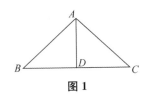

图 1

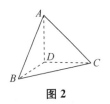

图 2

A. 异面但不垂直

B. 相交但不垂直

C. 异面且垂直

D. 相交且垂直

8. 向量 $\overrightarrow{OP}+\overrightarrow{PQ}=($).

A. OQ B. PQ C. $\overrightarrow{OQ}$ D. $\overrightarrow{PQ}$

9. 数列 $-\dfrac{1}{2\times1}$，$\dfrac{1}{2\times2}$，$-\dfrac{1}{2\times3}$，$\dfrac{1}{2\times4}$ 的一个通项公式是(   ).

A. $\dfrac{1}{n(n-1)}$ B. $\dfrac{(-1)^{n+1}}{2n}$ C. $\dfrac{(-1)^n}{n(n-1)}$ D. $\dfrac{(-1)^n}{2n}$

10. 已知直线 l_1 的倾斜角为 $60°$，直线 $l_1\perp l_2$，则直线 l_2 的斜率为(   ).

A. $\sqrt{3}$ B. $-\sqrt{3}$ C. $\dfrac{\sqrt{3}}{3}$ D. $-\dfrac{\sqrt{3}}{3}$

11. $(2x+1)(x-3)$ 与 $(x+1)(x-6)$ 的大小关系为(   ).

    A. $(2x+1)(x-3) > (x+1)(x-6)$

    B. $(2x+1)(x-3) < (x+1)(x-6)$

    C. $(2x+1)(x-3) = (x+1)(x-6)$

    D. $(2x+1)(x-3) \geqslant (x+1)(x-6)$

12. 不等式 $x(x-5)^2 > 3(x-5)^2$ 的解集是(   ).

    A. $(-\infty, -3)$ B. $(3, 5)\bigcup(5, +\infty)$

    C. $(-2, 3)$ D. $(-3, 2)$

13. 山前有 3 条路，山后有 3 条路，一个人由山前上山，山后下山，他的路线共有(   ).

    A. 5 种   B. 6 种   C. 9 种   D. 12 种

14. 一副扑克牌 54 张，从中任意抽取一张，恰好是红桃 A 的概率是(   ).

A. $\dfrac{1}{4}$ B. $\dfrac{1}{13}$ C. $\dfrac{13}{54}$ D. $\dfrac{1}{54}$

15. 圆 $x^2+y^2-2x-5=0$ 的圆心坐标是(   ).

    A. $(-2, 3)$ B. $(-2, 1)$ C. $(1, 0)$ D. $(0, 1)$

16. 函数 $y=\sin\left(\dfrac{x+2}{3}\pi\right)$ 的最小正周期是(   ).

    A. π B. 6   C. 3   D. 6π

17. 两条直线都与一个平面平行，则这两条直线的位置关系是(   ).

    A. 异面   B. 相交

    C. 平行   D. 可能共面，也可能异面

18. 如果函数 $f(x)=x^2+2(a-1)x+2$ 在区间 $(-\infty, 4]$ 上是减函数，则 a 的取值范围是(   ).

    A. $[-3, +\infty)$ B. $(-\infty, -3]$

    C. $(-\infty, 5]$ D. $[3, +\infty)$

第 Ⅱ 部 分　非 选 择 题（共 46 分）

二、填空题（本大题共 6 小题，每小题 3 分，共 18 分）

19. 设 $\ln 2 = a$，$\ln 3 = b$，则 $\ln 24 = $ _____.

20. 若向量 $\boldsymbol{a} = (2，2)$，$\boldsymbol{b} = (1，-4)$，则 $\boldsymbol{a} \cdot \boldsymbol{b} = $ _____.

21. 已知等比数列 $\{a_n\}$ 中，$a_1 = 2$，$a_4 = 16$，则 $a_7 = $ _____.

22. 已知 $\tan \alpha = 3$，则 $\dfrac{\cos \alpha + \sin \alpha}{\cos \alpha - \sin \alpha} = $ _____.

23. 直线 $2x - 3y - 7 = 0$ 与直线 $3x + 2y - 1 = 0$ 的位置关系是 _____.

24. $\cos 150° = $ _____.

三、解答题（本大题共 4 小题，每小题 7 分，共 28 分）

解答应写出文字说明、证明过程或演算步骤.

25. 已知函数 $g(x) = \sqrt{x - 1}$，$h(x) = \dfrac{1}{x + 2}$，令函数 $f(x) = g(x) \cdot h(x)$.

　（1）求函数 $f(x)$ 的定义域；

　（2）当 $x = \dfrac{3}{2}$ 时，求 $f(x)$ 的函数值.

26. 已知等差数列 $\{a_n\}$ 满足 $a_6 + a_{10} = 10$，求该数列的前 15 项的和 S_{15}.

27. 已知直线 $x+my+3=0$ 与圆 $x^2+y^2-6x+4=0$ 相切，求实数 m 的值.

28. 某移动公司采用分段计费的方法来计算话费，月通话时间 x（单位：分钟）与相应话费 y（单位：元）之间的函数图象如图所示.

(1) 当月通话时间为 50 分钟时，应交话费多少元?

(2) 求 y 与 x 之间的函数解析式.

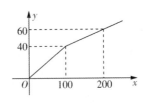

分类考试模拟试卷八

第 I 部分　选择题（共 54 分）

一、单项选择题（本大题共 18 小题，每小题 3 分，共 54 分）

在每小题列出的四个备选项中，只有一个是符合题目要求的.

1. 设集合 $M=\{a, b, c, d\}$，$N=\{a, b, c\}$，则 $M \cup N=(\qquad)$.

   A. $\{a, b, c\}$
   B. $\{a, b, c, d\}$
   C. $\{d\}$
   D. $\varnothing$

2. $x^2=y^2$ 的充分必要条件是（　　）.

   A. $x=y$
   B. $x=-y$
   C. $x^3=y^3$
   D. $|x|=|y|$

3. 函数 $y=f(x)$ 的图象如图所示，观察图象可知函数 $y=f(x)$ 的定义域是（　　）.

   A. $(-\infty, 1) \cup (1, +\infty)$
   B. $(-\infty, +\infty)$
   C. $(-\infty, 0) \cup (0, +\infty)$
   D. $[1, +\infty)$

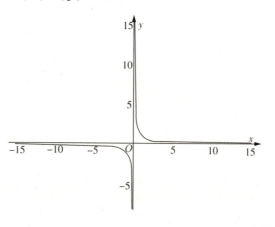

4. 若一元二次方程 $x^2-8x+m=0$ 没有实数根，则 m 的取值范围为（　　）.

   A. $m<2$
   B. $m>16$
   C. $m>2$
   D. $m<16$

5. 下列函数中，是奇函数的是（　　）.

   A. $y=-x^3$
   B. $y=x^3-2$
   C. $y=\left(\dfrac{1}{2}\right)^x$
   D. $y=\log_2 \dfrac{1}{x}$

6. 设 $\sin \alpha = \dfrac{1}{2}$，$\alpha$ 为第二象限角，则 $\cos \alpha = ($).

　　A. $-\dfrac{\sqrt{3}}{2}$ 　　　　B. $-\dfrac{\sqrt{2}}{2}$ 　　　　C. $\dfrac{1}{2}$ 　　　　D. $\dfrac{\sqrt{3}}{2}$

7. 如果 $\triangle ABC$ 的三个内角 A，C，B 成等差数列，则 C 一定等于(   ).

　　A. 90° 　　　　　B. 60° 　　　　　C. 45° 　　　　　D. 30°

8. 已知平面向量 $\overrightarrow{AB} = (2, -4)$，$\overrightarrow{AC} = (-1, 2)$，则 $\overrightarrow{BC} = ($).

　　A. $(3, -6)$ 　　　B. $(-3, 6)$ 　　　C. $(1, -2)$ 　　　D. $(-2, -8)$

9. 过点 $(0, 2)$ 且与直线 $y = -2x + 3$ 平行的直线方程为(   ).

　　A. $x + 2y - 2 = 0$ 　　B. $2x - y - 2 = 0$ 　　C. $x - 2y + 2 = 0$ 　　D. $2x + y - 2 = 0$

10. 化简：$\overrightarrow{ON} + \overrightarrow{OP} + \overrightarrow{MO} + \overrightarrow{PO}$ 的结果应为(   ).

　　A. $\mathbf{0}$ 　　　　　B. $\overrightarrow{MP}$ 　　　　　C. $\overrightarrow{MN}$ 　　　　　D. $\overrightarrow{PN}$

11. 不等式 $|x - 2| < 3$ 的解集中包含的整数共有(   ).

　　A. 8 个 　　　　　B. 7 个 　　　　　C. 6 个 　　　　　D. 5 个

12. 若 $\left(\dfrac{1}{a}\right)^m = 5$，则 $a^{-2m} = ($).

　　A. $\dfrac{1}{25}$ 　　　　B. $\dfrac{2}{5}$ 　　　　C. 10 　　　　　D. 25

13. 把一枚硬币抛掷两次，得到两次反面朝上的概率是(   ).

　　A. $\dfrac{1}{4}$ 　　　　B. $\dfrac{1}{3}$ 　　　　C. $\dfrac{1}{2}$ 　　　　D. 1

14. 如图，三棱锥 $S-ABC$ 中，E，F，G 分别是棱 AB，BC，SC 的中点，则此三棱锥中与平面 EFG 平行的棱的条数是(   ).

　　A. 0 　　　　　B. 1 　　　　　C. 2 　　　　　D. 3

15. $5^{-\frac{1}{3}}$ 的相反数是(   ).

　　A. $5^{\frac{1}{3}}$ 　　　　　　　　　　　B. $-5^{\frac{1}{3}}$

　　C. $5^{-\frac{1}{3}}$ 　　　　　　　　　　　D. $-5^{-\frac{1}{3}}$

16. 角 α 的终边经过点 $P(3, -2)$，则下列选项中正确的是(   ).

　　A. $\tan \alpha = -\dfrac{2}{3}$ 　　B. $\tan \alpha = \dfrac{2}{3}$ 　　C. $\tan \alpha = \dfrac{3}{2}$ 　　D. $\tan \alpha = -\dfrac{3}{2}$

17. 在数列 $\{a_n\}$ 中，$a_n = \dfrac{(-1)^n}{2^n - 1}$，则下列各数恰在数列 $\{a_n\}$ 中的是(   ).

　　A. $-\dfrac{1}{5}$ 　　　　B. $-\dfrac{1}{7}$ 　　　　C. $-\dfrac{1}{17}$ 　　　　D. $\dfrac{1}{65}$

18. 设 $a > 0$，下列选项中不正确的是(   ).

　　A. $3 + a > 2 + a$ 　　　　　　　　　B. $3 - a > 2 - a$

　　C. $3a < 2a$ 　　　　　　　　　　　D. $\dfrac{a}{3} < \dfrac{a}{2}$

第 Ⅱ 部分　非选择题（46分）

二、填空题（本大题共 6 小题，每小题 3 分，共 18 分）

19. 若点 $P(b, 2)$ 在直线 $y = x + 3$ 上，则 $b =$ _____.

20. 设 S_n 为等比数列 $\{a_n\}$ 的前 n 项和，已知 $3S_3 = a_4 - 2$，$3S_2 = a_3 - 2$，则公比 $q =$ _____.

21. 已知梯形两底所在的直线方程是 $2x + y - 5 = 0$ 和 $2x + y - 7 = 0$，则梯形的高 $h =$ _____.

22. 若 $b^{\frac{1}{2}} + b^{-\frac{1}{2}} = 1$，则 $b + b^{-1} =$ _____.

23. 在 $\log_{0.2}3$，$\log_3 0.5$，$\log_2 5$，$\log_3 4$ 中小于 0 的有 _____ 个.

24. 已知函数 $y = g(x)$ 是偶函数，且在 $(0, +\infty)$ 上是减函数，则函数 $y = g(x+1)$ 的增区间是 _____.

三、解答题（本大题共 4 小题，每小题 7 分，共 28 分）

解答应写出文字说明、证明过程或演算步骤.

25. 计算：$\log_{\sqrt{2}}\sqrt{3}\log_{\sqrt{3}}\sqrt{4}\log_{\sqrt{4}}\sqrt{5}\log_{\sqrt{5}}\sqrt{6}\log_{\sqrt{6}}\sqrt{7}\log_{\sqrt{7}}\sqrt{8}$.

26. 在等差数列 $\{a_n\}$ 中，公差为 d，前 n 项和为 S_n. 若 $a_6 - a_3 = 6$，$4S_6 = 7S_3$，求 a_1 和 d.

27. 已知圆过 $A(0，0)$ $B(2，0)$，$C(1，1)$ 三点，求：

    （1）该圆的方程；

    （2）该圆的圆心坐标和半径.

28. 某招待所共有床位 500 个，每个床位日租金 50 元，天天客满，招待所计划提高客房档次，同时相应提高床位日租金. 经调查，床位日租金每增加 3 元，出租床位将减少 12 个，问招待所将档次提高到每个床位日租金多少元时，每天租金收入最高？最高收入是多少？